KARIN SCHUTT | SIMONE ASTOLFI | SUSANNE WEIDENHAUSEN

# Babys
# Zeichensprache

## THEORIE

## PRAXIS

## SERVICE

**Karin Schutt** absolvierte nach ihrem Studium der Kommunikationswissenschaft, der Psychologie und Pädagogik verschiedene Zusatzausbildungen im Gesundheitsbereich. Seit vielen Jahren ist sie als Buchautorin für Gesundheitsthemen tätig und hat auch mehrere Ratgeber zum Thema »Baby« verfasst.

**Simone Astolfi** studierte Sprachen und Wirtschaft an der FH in Vlissingen, Niederlande. Nach ihrem Examen arbeitete sie als Projektleiterin für internationale Studien im Bereich Kommunikation und Marketing. Zusammen mit Susanne Weidenhausen rief sie 2005 die »Babyzeichen-Zauberhand-Kurse« ins Leben.

**Susanne Weidenhausen** ist ausgebildete Physiotherapeutin und absolvierte Zusatzausbildungen als Bobath-Therapeutin für Kinder sowie für Therapien nach Affolter. In der physiotherapeutischen Praxis hatte sie sich parallel dazu auf die Behandlung von Säuglingen und Kleinkindern spezialisiert. Sie ist Mitgründerin der »Babyzeichen-Zauberhand-Kurse«, die seit 2005 in Frankfurt/Main angeboten werden.

# EIN WORT ZUVOR

Als wir vor Jahren auf eine Gruppe gehörloser Kinder trafen, die sich lebhaft gestikulierend unterhielten, waren wir tief beeindruckt. Selbstverständlich und mit Freude tauschten die Kinder ihre Eindrücke untereinander aus, ohne sich dabei der Sprache zu bedienen. Wir kamen mit den Betreuerinnen ins Gespräch und hörten dabei erstmals von einer Methode, die nicht allein für gehörlose Kinder entwickelt wurde, sondern generell für die Verständigung von Eltern mit ihren Babys: die Babyzeichen. Angeregt durch diese »zufällige« Begegnung, besorgten wir uns Literatur und waren zunächst etwas skeptisch. Dennoch beschlossen wir, die Babyzeichen bei unseren eigenen Kindern anzuwenden. Und siehe da: Mit strahlenden Augen und sichtlicher Begeisterung zeigten unsere Babys nach ein paar Wochen ihre ersten Gesten. Wir spürten, dass sich nicht nur unsere Kinder damit wohl fühlten, sondern auch unsere Familien. Denn nun konnten wir uns alle verständigen und so einen Zugang zur Welt unserer Kleinsten finden.

Heute wissen wir, mit welchen Kompetenzen Babys schon von Geburt an ausgestattet sind. Daraus ergibt sich eine Fülle von Möglichkeiten, die Entwicklung der Kinder von Anfang an positiv zu unterstützen – die Anwendung der Babyzeichen ist eine davon. Deshalb freuen wir uns, dass wir mit diesem Ratgeber auch Eltern, die keine Möglichkeit haben, unsere Kurse zu besuchen, die Vorteile der Babyzeichen näherbringen können. Sie werden schnell feststellen, dass Sie Ihrem Kind durch die Sprache der Hände eine große Portion einfühlsame Aufmerksamkeit schenken können und ihm helfen, sich rundum optimal zu entwickeln. Wir wünschen Ihnen nun viel Spaß beim Eintauchen in die zauberhafte Welt der Babyzeichen.

**Karin Schutt, Simone Astolfi, Susanne Weidenhausen**

# KOMMUNIKATION VON ANFANG AN

Jedes Baby möchte von Geburt an verstehen und verstanden werden. Wie sich Ihr Baby Ihnen und seiner Umwelt mitteilt, erfahren Sie in diesem Kapitel.

# Die Sprache des Körpers

**Neugeborene Babys** scheinen auf den ersten Blick absolut hilflos und schutzbedürftig. Das ist natürlich auch so. Dennoch können Babys mehr, als wir ihnen zutrauen. Denn schon vom ersten Atemzug an sprechen die Kleinsten eine Sprache, die ganz ohne Worte auskommt: Sie teilen sich mithilfe ihres Körpers mit. Gleichzeitig empfangen sie mit hellwachen Sinnen alles, was sie sehen, hören, fühlen, schmecken und riechen. Denn die Natur hat Babys bestens auf den Dialog mit den Eltern vorbereitet.

# Und das alles ganz ohne Worte

Die Sprache des Körpers musste Ihr Baby nicht erst lernen – sie ist ihm in die Wiege gelegt. Es kann sich mithilfe seines Körpers eindeutig und vielfältig ausdrücken, denn die Körpersprache kann ebenso kommunikativ und informativ sein wie die Sprache der Worte – wenn sie richtig verstanden wird.

Dabei benutzt Ihr Baby seinen Körper als Mittel zur Verständigung – und schafft damit die Basis für jede Art von zwischenmenschlicher Kommunikation. Denn die Körpersprache kann die ganze Bandbreite menschlicher Gefühle ausdrücken: Liebe und Freude ebenso wie Angst, Wut oder Trauer. Gerade bei uns Erwachsenen ist es häufig so, dass uns die Körpersprache unseres Gegenübers sogar mehr über ihn verrät als das, was dann tatsächlich mit Worten ausgedrückt wird.

## Eine Sprache, die das Überleben sichert

Für uns alle gilt: Wer sprechen kann, kommuniziert mit einer Mischung aus Laut- und Körpersprache. Doch für Ihr Baby ist die Sprache des Körpers – neben dem Schreien und »Brabbeln« – zu Beginn die wichtigste Ausdrucksmöglichkeit. Schließlich ist Ihr Baby ganz und gar von seiner Umwelt abhängig.

---

## LIEBE SPRICHT KÖRPERSPRACHE

›› Neugeborene brauchen von Anfang an eine starke emotionale Bindung zur Mama und später auch zu anderen Bezugspersonen. Deshalb springt beim Anblick dieses kleinen, hilflosen Wesens, das gleich nach der Geburt in den Armen der Mutter liegt, der Funken über, und eine lebenslange Liebesbeziehung beginnt. Von nun an lässt das Baby seinen Körper sprechen, worauf Mama und Papa mit ganz bestimmten Gefühlen und Verhaltensweisen reagieren.

Werden seine Bedürfnisse befriedigt, entsteht ein intensives Gefühl des Urvertrauens: Das Baby fühlt sich sicher und geborgen. Ausgestattet mit dieser wichtigen Erfahrung, kann ein Kind nicht nur seine Umwelt mit großer Abenteuerlust entdecken und später selbst stabile Bindungen zu anderen Menschen entwickeln. Auf dieses sichere Fundament wird es in Zukunft auch seine gesamte körperliche, geistige und sprachliche Entwicklung aufbauen.

---

## Auch Babys wollen sich mitteilen

Babys verfügen von Anfang an über ein umfangreiches Repertoire, um zu sagen, was sie gerade möchten und brauchen. Dabei kommunizieren sie mit

> Lauten (wie Jauchzen, Gurren, Brabbeln, Wimmern, Quengeln, Weinen und bestimmte Babylaute),
> Blicken und dem Gesichtsausdruck (Mimik),
> der Körperhaltung (Gestik) und
> Bewegungen (Motorik).

Doch Ihr Baby sendet nicht nur seine eigenen Signale. Gleichzeitig benutzt es seine fünf Sinne, um die Signale und Botschaften seiner Bezugspersonen und aus seiner Umwelt zu empfangen. Auch dafür hat die Natur gesorgt, denn Ihr Neugeborenes kann Ihre vertraute Stimme hören und wiedererkennen; es kann Sie gleich nach der Geburt ansehen; es kann Ihre Zärtlichkeiten fühlen und so gut riechen, dass es Sie anhand Ihres typischen Geruchs identifizieren kann. Und natürlich kann Ihr Baby auch schon schmecken (siehe dazu auch Seite 13). Erste Sinneserfahrungen hat Ihr Baby bereits im Mutterleib gesammelt, doch nach der Geburt herrschen andere Bedingungen als vorher. Daher passt Ihr Baby sowohl seine Körpersprache als auch Wahrnehmungsfähigkeiten zunächst an die veränderte Situation an und verfeinert sie von nun an.

### Wer (noch) nicht sprechen kann, muss schreien

Die erste Kostprobe erhalten frischgebackene Eltern meist gleich nach der Geburt: Mit dem ersten Schrei nimmt das Neugeborene nicht nur Luft in seine Lunge, sondern auch Kontakt mit der Welt auf. Seine Stimme ist von Anfang an lebenswichtiges Mittel zur Kommunikation, mit dem es seine Bedürfnisse zeigt: Es ruft nach Ihnen, weil es hungrig ist, sich erschrocken hat oder einsam fühlt, weil es Schmerzen verspürt oder Angst hat.

Bereits ab dem ersten Lebensmonat kann Ihr Baby seine Laute variieren – und es lernt sehr schnell! Bald schon weiß es, dass unterschiedliche Stimmlagen auch unterschiedliche Reaktionen auslösen. Hat Ihr Baby beispielsweise Hunger oder (Bauch-)

**VERSTEHEN STATT VERWÖHNEN**
Wenn ihr Baby schreit, möchte es Ihnen etwas mitteilen. Nutzen Sie diese Chance, indem Sie Körpersprache und Laute Ihres Babys entschlüsseln lernen. Ihr Baby wird dadurch insgesamt weniger schreien und zufriedener sein. Doch diese Einsicht ist relativ neu. Noch vor rund 50 Jahren ließ man Kinder bewusst schreien, um sie nicht zu »verwöhnen«.

Schmerzen, so können Sie das an einem heftigen, nicht nachlassenden Schreien hören. Ist es dagegen müde, hört sich das Weinen klagend und milder an. Doch egal warum Ihr Baby schreit, wichtig ist, dass Sie darauf reagieren und Ihr Kind trösten.

Immer wieder gibt es Babys, die sich trotz aller Bemühungen, ihr Schreien zu verstehen, und trotz intensiver Ursachenforschung nicht beruhigen lassen. Sollte das bei Ihrem Baby der Fall sein, sollten Sie sich Rat und Hilfe bei einer Sprechstunde für Schreibabys holen (siehe dazu Adressen, die weiterhelfen, Seite 123).

### Babys »Frühwarnsystem« richtig deuten

»Bevor Babys schreien, geben sie zwei ganz bestimmte Laute von sich.« Zu dieser interessanten Erkenntnis kam Dr. Joachim Bensel, Verhaltensbiologe und Leiter der »Freiburger Säuglingsstudie«. Darin beschreibt der Forscher insgesamt fünf unterschiedliche Babylaute: Während die Schlaf-, Trink- und Wohligkeitslaute Ihnen als Eltern signalisieren, dass Ihr Baby zufrieden ist (und erst einmal nicht schreien wird), sollten Sie bei den folgenden zwei Lauten hellhörig werden:

**Der Kontaktlaut** ist ein kurzer einzelner Laut, den Ihr Baby meist nach dem Aufwachen von sich gibt. Übersetzt könnte er »Hallo, ist jemand da?« bedeuten. Wenn Sie diesen Laut hören, sollten Sie zu Ihrem Kind gehen, es ansprechen und bei Bedarf hochnehmen. Dann muss es nicht schreien, denn es fühlt sich erst gar nicht verlassen.

**Der Unmutslaut** besteht aus einer Serie kurzer Einzellaute (bis zu 14-mal pro Minute). Er wiederholt sich rhythmisch und signalisiert, dass es dem Kind nicht gut geht. Ihr Baby will damit Aufmerksamkeit erregen und Sie auffordern, etwas an dieser Situation zu ändern. Wenn Eltern darauf nicht rechtzeitig reagieren, wird das Baby anfangen zu quengeln und schließlich schreien.

**GU-ERFOLGSTIPP**

**BABYS CODE KNACKEN**

Wer genau hinhört, wird feststellen, dass Babys vor dem Weinen bestimmte Laute von sich geben. Reagieren die Eltern darauf entsprechend, kommt es erst gar nicht zu einem lautstarken Gebrüll (siehe Info Seite 12/13). Versuchen Sie deshalb, ein feines Gehör und Gespür für die »leisen Töne« Ihres Babys zu entwickeln. Das hat zudem den Vorteil, dass das Urvertrauen Ihres Kindes wächst: Es weiß, dass Sie immer dann zur Stelle sind, wenn etwas nicht stimmt. Und genau das macht Ihr Baby langfristig ruhig und zufrieden.

# Mit allen Sinnen auf Empfang

Schon vor dem ersten Atemzug hat Ihr Baby gespürt, gesehen, gehört, geschmeckt und gerochen – aber eben nur das, was in seiner kleinen Welt in Ihrem Bauch möglich und nötig war, um sich zurechtzufinden und diese doch sehr begrenzte Welt zu erforschen. Doch nach der Geburt erwachen seine Sinne explosionsartig und steigern sich zu neuen Höchstleistungen:

## Hören

Bereits im Mutterleib drang alles, was sich innerhalb und außerhalb der Welt Ihres Babys abspielte, in seine kleinen Ohren: Es hatte Mamas Herz dumpf und gleichmäßig klopfen hören, die Nabelschnur hatte hörbar pulsiert, und das Strömen des Blutes war als Rauschen zu vernehmen. Geräusche von außen (Stimmen, Musik und Lärm) hatte es in gedämpfter Form wahrgenommen. Sofort nach der Geburt war das Hörvermögen so weit ausgeprägt, dass Ihr Baby Ihre vertraute Stimme von fremden unterscheiden konnte.

## Sehen

Das Sehvermögen ist der Sinn, der sich zuletzt entwickelt. Kein Wunder, denn in der Gebärmutter war es weitgehend dunkel, sodass die Sehnerven kaum stimuliert wurden. Nach der Geburt mussten sich die Augen Ihres Babys erst einmal an die Helligkeit gewöhnen. Am Anfang sehen Neugeborene Dinge scharf, die 25 bis 30 Zen-timeter vom Kopf entfernt sind (das ist in etwa die Entfernung zu Mamas Gesicht beim Stillen!). Alles, was weiter weg ist, können Babys in den ersten Lebensmonaten nur verschwommen wahrnehmen.

## Fühlen

Unzählige Sinneszellen befinden sich auf der Hautoberfläche und machen die Haut zu einer hochsensiblen, fühlenden Hülle. Dabei ist das Fühlen die erste Sinneswahrnehmung. Über keinen anderen Sinn konnte Ihr Ungeborenes Zuwendung und Zärtlichkeit stärker empfinden als über die Haut. Neun Monate lang wurde sie ständig vom Fruchtwasser und der Gebärmutter sanft stimuliert, was dem Baby ein Gefühl von Wärme und Geborgenheit vermittelte. Und auch nach der Geburt ist die Haut nicht nur das größte, sondern auch ein sehr bedeutsames Sinnesorgan: Jedes Kitzeln, Kribbeln und Streicheln wird von den winzigen Rezeptoren in der Haut aufgenommen und über Nervenbahnen ans

Gehirn weitergeleitet. Liebevoller Körperkontakt ist deshalb mehr als nur Berührung: Jedes Fühlen fördert die Strukturierung des kleinen Gehirns und damit die gesamte Entwicklung Ihres Kindes.

### Riechen und Schmecken

Der Geruchs- und Geschmackssinn sind eng miteinander verbunden und ebenfalls von Geburt an ausgeprägt. Ihrem Baby genügt nach der Geburt die kleine Pause auf Mamas Bauch, um deren typischen Körpergeruch im Gedächtnis abzuspeichern.

Und auch bei der Suche nach der mütterlichen Brustwarze sind es die starken Duftsignale, die es zielsicher und ohne Hilfe den Weg dorthin finden lassen.

Da Ihr Kind bereits riechen kann, ist es auch jetzt schon in der Lage, Süßes, Saures, Scharfes und Bitteres geschmacklich zu unterscheiden. Und es braucht nur wenige Tage an Mamas Brust, um den Geschmack »seiner« Muttermilch abzuspeichern. Das ist übrigens auch der Grund, warum Stillbabys beim Zufüttern häufig erst einmal ablehnend reagieren.

### Babys lesen in Gesichtern

Gesichter üben auf Babys eine besondere Faszination aus. Kaum geboren erforscht das Neugeborene mit großen Augen das Antlitz seines Gegenübers – und lernt dabei seine Eltern kennen. Und auch später werden die Gesichter seiner Bezugspersonen stets eine Art Spiegel für das Baby sein.

Und was für Babys gilt, trifft ebenso für Erwachsene zu, denn auch für sie ist Babys Gesicht ein Spiegel: Wenn Sie sich einmal selbst beobachten, werden Sie schnell feststellen, dass auch Sie den Gesichtsausdruck Ihres Babys nachahmen – ohne darüber nachzudenken, oft sogar ohne es zu bemerken. Sie lächeln, ziehen übertrieben die Augenbrauen nach oben, machen große Augen, reißen den Mund weit auf oder runzeln die Stirn, wenn Sie Ihr Baby ansehen. Dieses intuitive (häufig übertriebene) Nachahmen wird treffend als »Spiegeln« bezeichnet.

### Mimik und Gestik als Spiegel des eigenen Ich

Sie als Eltern mussten das nicht lernen. Sie brauchten dafür nur ein wenig Zeit und die Bereitschaft, sich auf dieses »Mienenspiel« einzulassen. Doch nicht nur das Spiegeln, auch alles Weitere läuft automatisch ab: So haben Sie zu Beginn sicher intuitiv den richtigen Abstand zum Gesicht Ihres Kindes eingehalten. Denn wer macht sich schon bewusst, dass Neugeborene in einer Entfernung von etwa 25 Zentimetern am besten sehen? Oder die wohldosierte Übertreibung, mit der Sie Ihr Baby nachahmen. Ihr Baby braucht diese überdeutlichen Signale, um seine Mimik besser zu entwickeln, indem es Sie nachahmt, aber auch, um in den Gesichtern seines Gegenübers zu lesen und um Bedeutungen zu erkennen. Und es wird nicht lange dauern, bis Ihr Baby schließlich selbst mimische Botschaften an Sie aussendet.

Die Mimik ist also ein weiteres wichtiges Ausdrucksmittel kindlicher Körpersprache. In den kleinen Gesichtern lässt sich im Laufe der Zeit

**KLEINES GESICHT – GROSSE GEFÜHLE**

Babys Mimik hat vor allem eine Aufgabe: seine Gefühle sichtbar zu machen. Und das gilt weltweit, wie Forscher beim Vergleich von Kindern aus verschiedenen Kulturen feststellten: Grundgefühle wie Freude, Neugier, Überraschung, Wut, Trauer und Ekel zeigen sich auf Babygesichtern stets gleich. Erst wenn die Kinder älter werden, passen sie ihre Mimik mehr und mehr der ihrer Eltern an.

nahezu jeder Gemütszustand ablesen: Mienenspiel und Blickverhalten verraten zuverlässig, ob Ihr Baby unzufrieden ist, sich ekelt, empört oder neugierig ist, ob es überrascht ist oder sich einfach nur freut. Sein Gesichtsausdruck verrät Ihnen aber auch, ob es gerade aufnahmebereit für neue Informationen ist beziehungsweise ob es sich müde oder überfordert fühlt.

## Die Leichtigkeit des Seins ...

Schon im Mutterleib testete Ihr Baby, welche Bewegungsmöglichkeiten es so gibt, schließlich waren die Bedingungen dort optimal: Von immer gleichbleibend warmem Fruchtwasser umgeben, schwebte es nahezu schwerelos in seiner schützenden Hülle. Schon früh konnte es deshalb mit seinen Händen und Füßen spielen, seinen Daumen in den Mund stecken und die Nabelschnur umfassen.

## ... hat ein abruptes Ende

Doch mit dem Tag der Geburt endete diese unbeschwerte Beweglichkeit abrupt. Denn nun wirkte erstmals die Schwerkraft auf den kleinen Körper und machte jede Bewegung zur Schwerstarbeit. Das ist der Grund, warum Neugeborene am Anfang so völlig hilflos erscheinen. Doch schon bald passen sie sich ihrer neuen Umgebung an: Die unbeholfenen Bewegungen verfeinern sich von Woche zu Woche, und sie beginnen, durch immer gezieltere Bewegungsmuster und Körperhaltungen mit ihrer Umwelt zu kommunizieren. Jetzt rudern sie mit den Armen und strampeln mit den Beinen, wenn es etwas Aufregendes zu sehen oder zu hören gibt. Sie drehen ihr Köpfchen weg, wenn sie überreizt und müde sind ... Immer öfter und immer differenzierter lässt Ihr Baby nun auch seinen Körper sprechen und fordert Sie dadurch auf, etwas ganz Bestimmtes zu tun. Es setzt seine Gesten nun aber auch ganz gezielt ein, um das, was es durch Mimik und Stimme ausdrückt, noch zu verstärken. Fühlt es sich beispielsweise zutiefst unzufrieden, verzieht es sein Gesicht, schließt die Augen, schreit, ballt seine kleinen Hände zu Fäustchen und bewegt gleichzeitig Arme und Beine.

**TIPP**
Eine gute Unterstützung beim gegenseitigen Kennenlernen bietet das Prager-Eltern-Kind-Programm (PEKiP). Neben altersgerechten Bewegungsspielen für die Babys lernen Eltern dort, die kindlichen Verhaltensweisen zu beobachten, Signale zu deuten und entsprechend darauf zu reagieren (siehe Adressen, die weiterhelfen, Seite 123).

# Das möchte Ihr Baby Ihnen sagen

Manchmal könnte man fast verrückt werden: Da hat man nun so lange auf das kleine Wesen vor sich gewartet, sich gut vorbereitet – und jetzt, wo es endlich da ist, versteht man nicht, was es einem sagen will! Doch keine Sorge, mit diesen Gefühlen sind Sie nicht allein. Deshalb hier ein kleiner »Versteh-mich-Guide« für Eltern.

### »Ich bin so müde!«

Ihr Baby gähnt und reibt sich die Augen? Das sind eindeutige Zeichen, dass es müde ist und schlafen will. Aber schon vorher können Sie erkennen, wann es Zeit für ein Nickerchen ist: Bereits wenn Ihr Baby sein Gesicht von Ihnen abwendet oder die Stirn runzelt, wenn es seine Schultern hängen lässt und der Körper erschlafft, dann heißt das: »Ich brauche jetzt Ruhe!«

### »Ich habe Hunger!«

Ihr Baby macht mit bestimmten Lauten auf sich aufmerksam (siehe dazu Seite 11), dreht unruhig sein Köpfchen hin und her und scheint etwas zu suchen. Vielleicht schmatzt es auch oder steckt sich die Fingerchen in den Mund – all diese Zeichen deuten darauf hin, dass es Hunger hat. Ganz sicher können Sie nach diesem kleinen Test sein: Berühren Sie mit dem Finger sanft seinen Mundwinkel und beobachten Sie, ob es sein Köpfchen in Richtung Ihres Fingers dreht und fest daran zu saugen beginnt. Denn dann ist ganz offensichtlich die Zeit für die nächste Mahlzeit gekommen.

### »Kuschel mit mir!«

Wenn Ihr Baby mit großen, wachen Augen fasziniert Ihr Gesicht betrachtet und dabei sein Mund und seine Händchen geöffnet sind, dann heißt das vor allem eines: Es möchte Ihre volle Aufmerksamkeit und Zuwendung. Nutzen Sie diese Gelegenheit für Zärtlichkeiten.

### »Mein Bauch tut weh!«

Viele Babys haben nach einer Mahlzeit Bauchschmerzen oder Blähungen. Das erkennen Sie gut daran, dass sich der kleine Körper verkrampft, der Bauch sich hart anfühlt und Ihr Kind schreit. Was Ihrem Baby dann am besten hilft (Bauchmassage, Fliegergriff oder etwa Fencheltee) sollten Sie individuell testen. Wichtig ist, dass Sie die Signale Ihres Kindes richtig deuten und ihm in seiner Not helfen.

## Schritt für Schritt zum eingespielten Team

Einander ohne Worte verstehen – Babys und Eltern gelingt das nach einer entsprechenden Kennenlernphase ohne Training nahezu perfekt. Wichtig ist, dass Sie sich als frisch gebackenen Eltern dabei ausreichend Zeit zugestehen. Denn gerade zu Beginn ist die Körpersprache eines Babys noch nicht so stark ausgeprägt, als dass sich alle Bedürfnisse eindeutig ablesen lassen. Doch selbst wenn man mehr erahnt als weiß, was das Baby möchte, ist es einen Versuch wert. Und es lohnt sich auf jeden Fall, am Ball zu bleiben und sich in Ihr Kind hineinzudenken: Denn schnell sind Sie und Ihr Baby ein eingespieltes Team – und genau das ist der optimale Ausgangspunkt, um die Babyzeichensprache nach und nach einzuführen.

**GU-ERFOLGSTIPP**

### DEN EIGENEN GEFÜHLEN VERTRAUEN

Gerade in der Anfangsphase mit Ihrem Baby sollten Sie auf Ihr Bauchgefühl hören. Denn die Natur hat Sie als Eltern mit gesunden Instinkten ausgestattet. Sie müssen im Grunde nur genau hinsehen und Ihr Baby beobachten. Schon bald werden Sie ein immer besseres Gefühl für die Stimmungen und Bedürfnisse Ihres Kindes entwickeln, sodass Sie selbst die ersten noch leisen Signale für Hunger, Müdigkeit, Angst, Schmerz oder Einsamkeit erkennen können.

## WICHTIG: DIE KÖRPERSPRACHE BEACHTEN

Sie haben Ihr Baby über längere Zeit beobachtet und sind sich nicht sicher, ob mit der Körpersprache Ihres Kindes alles stimmt, denn Ihr Baby ...

> schreit sehr oft und ohne erkennbaren Grund, und lässt sich dann von Ihnen gar nicht mehr beruhigen;

> nimmt keinen Blickkontakt zu Ihnen auf;

> bewegt sich auffallend langsam;

> reagiert nicht angemessen auf Geräusche; beispielsweise erschrickt es nicht oder zuckt nicht zusammen, wenn eine Tür mit einem lauten Geräusch zufällt;

> gibt nur wenige beziehungsweise gar keine Laute von sich und wirkt irgendwie »stumm«.

In den oben genannten Fällen sollten Sie auf jeden Fall Ihren Kinderarzt aufsuchen, der Ihnen mit Rat und Tat zur Seite stehen wird. Doch auch wenn Sie nicht ganz sicher sind und vielleicht nur ein ungutes Gefühl haben, sollten Sie sich nicht scheuen, Ihr Baby dem Kinderarzt vorzustellen. Denn gerade bei den ganz Kleinen sollten Sie unbedingt auf Nummer sicher gehen. Je früher ein Problem erkannt wird, umso besser kann es behandelt werden.

# Die Sprache der Wörter

**Auch für das Sprechenlernen** hat die Natur Ihr Baby bestens ausgestattet. Bereits im Mutterleib konnte es sich an die Melodie Ihrer Sprache gewöhnen, und auch eine Menge anderer Umgebungsgeräusche drang dort an seine Ohren. Kaum auf der Welt, sind seine Ohren rund um die Uhr auf Empfang, was eine der Voraussetzungen ist, dass es später mit Ihrer Hilfe seine Sprachfertigkeit entwickeln kann. Schließlich möchte sich Ihr Kind mitteilen und die gleiche Sprache wie Mama und Papa sprechen.

# Wie sich Sprache entwickelt

So gewiss, wie Ihr Kind laufen lernen wird, so sicher wird es auch sprechen lernen – doch hinter dem scheinbar selbstverständlichen Erlernen der Sprache steckt aus wissenschaftlicher Sicht ein überaus komplexer Prozess. Hirn- und Verhaltensforscher, Sprachwissenschaftler, Psychologen und Biologen arbeiten seit Jahrzehnten daran, zu ergründen, wie dieser Prozess vonstatten geht. Dabei ist es vor allem eine Frage, die die Forscher beschäftigt: Ist die Sprache dem Menschen in die Wiege gelegt oder nimmt er sie ausschließlich aus der Umwelt auf? Inzwischen sind sich die Wissenschaftler einig: Es ist eine Kombination aus beidem. Sprache entsteht sowohl durch innere, entwicklungsbedingte als auch durch äußere Faktoren. Das heißt: Jedes gesunde Neugeborene verfügt über die körperlichen und geistigen Anlagen, um sprechen zu lernen. Wenn dann noch die Bedingungen von außen stimmen, steht einer gesunden Sprachentwicklung nichts mehr im Wege.

## Ohne den Dialog mit den Eltern geht nichts!

Schon von Geburt an haben Babys eine Vorliebe für menschliche Stimmen und Sprachlaute. Kein Wunder, schließlich waren es Ihre Stimme und Sprachmelodie, die ihm etwa seit dem fünften Schwangerschaftsmonat vertraut sind. Das bleibt selbstverständlich auch nach der Geburt so: Wenn Sie mit Ihrem Neugeborenen liebevoll sprechen, kann es zwar die Bedeutung der Worte nicht verstehen, wohl aber die Tonlage, die Sprachmelodie und den Ausdruck Ihrer Stimme aufnehmen. In Verbindung mit der entsprechenden Körpersprache »versteht« Ihr Baby durchaus, was Sie ihm »sagen« möchten: Ob beim ersten Blickkontakt mit Ihnen gleich nach der Geburt oder beim täglichen Umgang miteinander – eingebettet in eine solch liebevolle Atmosphäre, kommt Ihre Botschaft »Du bist willkommen und wirst geliebt!« ganz sicher an. Und genau diese positive Erfahrung schafft die Grundlage, dass Ihr Baby sich sicher und geborgen fühlt. Dieses Gefühl der Geborgenheit wiederum ist eine der Grundvoraussetzungen, damit Ihr Baby seine Welt mit großer Neugier erobern kann (siehe dazu auch Infokasten auf Seite 9).

**FEHLSCHLÄGE**

Ob im alten Ägypten oder im Mittelalter – mehrmals versuchte man herauszufinden, welche Sprache Kinder sprechen, wenn sie völlig isoliert, also ohne Ansprache aufwachsen. Das Ergebnis war jedoch immer gleich (traurig): Die Kinder starben, noch bevor sie etwas sagen konnten.

### Eltern als »Wiege der Sprache«

Vom ersten Tag an sprechen Sie und Ihr Baby diese gemeinsame emotionale Sprache, und aus dieser Geborgenheit heraus beginnt das Wunder seiner sprachlichen Entwicklung. Deshalb bezeichnet Remo H. Largo, der bekannte Buchautor und Professor für Kinderheilkunde (siehe Bücher, die weiterhelfen, Seite 122), das Beziehungsverhalten zwischen Kindern und Eltern auch als »die Wiege der Sprache«.

### Ist auch Ihr Kind ganz Ohr?

Wenn Erwachsene oder ältere Kinder ein Baby ansprechen, verfallen sie instinktiv in eine höhere Tonlage und benutzen eine übertriebene Sprachmelodie. Diese Sprechweise, die auch als »Babysprache« bezeichnet wird, gerät seit vielen Jahren immer wieder in die Kritik. Viele Eltern meinen, es sei sinnvoller, auch kleinste Babys »ganz normal« anzusprechen. Dabei weckt gerade der übertriebene Sprachstil in Babys ein starkes Interesse an der Sprache, macht sie neugierig und lässt sie sogar antworten: Je nach Alter stimmen die Kleinen mit Jauchzen, Gurren, Lallen und ersten Vokalbildungen ein – vor allem aber antworten sie mit einem Lächeln, mit Bewegungen und Gesten. Denn Sprechenlernen und Hören sind schließlich eng miteinander verbunden (siehe dazu auch Seite 23).

### Jeder Laut zählt

Jeder akustische Reiz ist Sinnesnahrung für die kleinen Ohren. Dazu zählen Alltagsgeräusche und Musik ebenso wie Sprachlaute, -melodien und verschiedene Stimmlagen. Und Ihr Baby kann sehr wohl zeigen, ob ihm eine Situation zu laut ist oder ob sie ihm gefällt: Bei Ersterem antworten Babys normalerweise, indem sie schreien und sich anschließend nur schwer beruhigen lassen. In ein fröhliches Zwiegespräch dagegen stimmt Ihr Baby be-

**WICHTIG**

Bei den sogenannten U-Vorsorgeterminen wird unter anderem auch das Gehör Ihres Kindes überprüft – ein wichtiger Punkt, denn nur wer gut hört, kann dann auch gut sprechen lernen. Deshalb plädieren Fachleute dafür, bei Neugeborenen grundsätzlich eine Früherkennung von Hörstörungen mithilfe einer »Schall-Echo-Messung« am Ohr durchzuführen. Fragen Sie daher Ihren Kinderarzt, ob er oder ein anderer Facharzt dieses Neugeborenen-Hörscreening anbietet, und nehmen Sie dieses Angebot auf jeden Fall in Anspruch.

geistert mit einem Gurren ein oder dreht sein Köpfchen zur Geräuschquelle.

**Vor dem Sprechen kommt das Denken**
Sprache ist viel mehr, als nur Gehörtes aufzunehmen und aus Lauten Wörter zu bilden. Nach Auffassung von Jean Piaget, dem bekannten Schweizer Entwicklungspsychologen (1896–1980), ist Sprache eine Anwendung von Symbolen. Er geht davon aus, dass jedes Wort einer inneren Vorstellung entspricht, die losgelöst vom unmittelbar Erlebten, also abstrakt ist. Das heißt für Babys, dass sie die symbolischen Botschaften der Sprache zunächst verstehen müssen (Sprachverständnis), um sie in einem zweiten Schritt umsetzen zu können (Spracherwerb). Und eben das funktioniert nur dann, wenn Ihr Baby zu ganz bestimmten geistigen Einsichten in der Lage ist und auch denken kann.

Wie vielschichtig und komplex dieser Lernprozess ist, zeigt folgendes Beispiel: Wenn ein Kind sagt »Der Ball liegt unter dem Stuhl«, muss es zuerst einmal wissen, um welche Gegenstände es sich bei »Ball« und »Stuhl« handelt. Es muss darüber hinaus aber auch die Bedeutung des Wörtchens »unter« verstehen. Das setzt voraus, dass es bereits ein räumliches Vorstellungsvermögen besitzt. Bis Kinder diese sprachliche Leistung meistern, können bis zu vier Jahren vergehen.

**SPRECHEN LERNEN DURCH WIEDERHOLUNG**
Etwa nach dem ersten Geburtstag verstehen Kinder, dass jedes Ding einen eigenen Namen hat. In der Fachsprache bezeichnet man dies als »Symbolbewusstsein«. Sprachwissenschaftler schätzen, dass Kinder ein Wort etwa 40-mal gehört haben müssen, bis es in ihren Sprachschatz übergeht und sie begreifen, dass beispielsweise der Wortklang »Ball« für das bunte kullernde Ding steht.

**SPRACHERWERB**

Geistige Entwicklung → Sprachverständnis → Spracherwerb

Sprachfertigkeit

Nur wer Worte immer wieder hört, nimmt sie auch in seinen Sprachschatz auf – deshalb ist die Kommunikation mit Ihrem Baby ein absolutes Muss.

### So lernt Ihr Baby sprechen

Tatsache ist, dass Kinder ihre Muttersprache stufenweise erlernen: In den ersten Lebensjahren verstehen sie Schritt für Schritt, was die einzelnen Wörter bedeuten. Parallel dazu entwickelt sich die kindliche Mundmotorik – also das Zusammenspiel von über 100 Sprech- und Mimikmuskeln –, sodass sie zunehmend in der Lage sind, auch eigene Gedanken, Überlegungen und Wünsche in Worten auszudrücken.

Doch wann Ihr Kind schließlich richtig sprechen wird, lässt sich kaum voraussagen. Denn gerade die Sprachentwicklung verläuft von Kind zu Kind unterschiedlich schnell. Zwar sprechen viele Babys ihre ersten, meist noch undeutlichen Worte um den ersten Geburtstag herum – doch wie schnell sich ihr Sprachschatz vergrößert, ist individuell sehr verschieden. Während das eine Kind mehr Zeit dafür braucht, dafür aber schneller laufen lernt, ist es bei einem anderen Kind genau umgekehrt: Es spricht etliche Worte schon recht deutlich, krabbelt aber noch auf allen vieren. So kann die Schere, wann bestimmte sprachliche Errungenschaften erworben werden, bis zu einem Jahr auseinanderklaffen. Das heißt für Sie als Eltern, dass Sie Ihr Kind natürlich fördern sollten, indem Sie viel mit ihm sprechen und auf seine Sprachentwicklung eingehen. Dennoch sollte jedem Kind sein eigenes Tempo zugestanden werden. Denn bei der Sprachentwicklung sind diese Unterschiede absolut normal.

## Sprache fördern statt fordern

So wie Ihr Kind aus eigenem Antrieb sitzen, krabbeln und laufen lernt, wird es auch seine Muttersprache eigenständig lernen, ohne dass Sie es ihm beibringen müssen. Ihr Part beim Sprechenlernen Ihres Kindes besteht vielmehr darin, ein guter Ansprech- und Gesprächspartner zu sein. Denn im täglichen Miteinander sowie in Gesprächen mit Mama, Papa, Geschwistern, Großeltern und anderen Bezugspersonen lernt Ihr Baby alles, was es für den Erwerb seiner Muttersprache braucht.

Viele Eltern sind aber der Meinung, dass sie ihr Kind regelrecht »in Sprache baden« müssten, um seine sprachliche Entwicklung auch wirklich richtig zu fördern. Doch wie bei der gesamten kindlichen Entwicklung gilt auch hier: Die Qualität ist entscheidender als die Quantität! Indem Sie auf Ihr Kind und seine Aussagen liebevoll eingehen, helfen Sie ihm mehr, als wenn Sie es permanent mit Sprache überschütten.

**TOP 10 DER WÖRTER**
Natürlich sind die Wissenschaftler auch an der Frage, welche Worte denn nun zuerst gesprochen werden, interessiert. Eine Studie der Universität Bielefeld ergab, dass »Mama«, »Papa« und »Nein« ungeschlagen an erster Stelle stehen, gefolgt von Lieblingswörtern wie Hund, Ball, danke, Baby, Puppe, Auto und bitte.

**GU-ERFOLGSTIPP**    SPRACHVERSUCHE ANERKENNEN

Wenn Sie Ihr Kind beim Sprechenlernen unterstützen möchten, sollten Sie auf jeden Fall einen akzeptierenden Sprachstil wählen. Gemeint ist damit, dass Sie den Sprachversuchen Ihres Kindes gebührende Aufmerksamkeit schenken: Nehmen Sie sich die Zeit, wenn es etwas zu sagen hat, und hören Sie in Ruhe zu. Stellen Sie ihm Fragen, damit es die Möglichkeit hat, Ihnen zu antworten. Und ganz wichtig: Loben Sie Ihr Kind, wenn die Verständigung wieder einmal geklappt hat. Auf diese Weise fühlt sich Ihr Kind verstanden und wird sich mehr und mehr zutrauen, seine innere Welt für alle verständlich in Sprache zu fassen.

# Die Sprache der Hände

**Stellen Sie sich einmal folgende Situation vor:** Ihr Kind sitzt am Tisch und isst seine Brotstückchen. Nach ein paar Happen sucht es Ihre Aufmerksamkeit und zeigt Ihnen mit seinen Händchen, dass es etwas zu trinken haben möchte. Sie verstehen sofort, bestätigen mit der entsprechenden Geste und mit Worten noch einmal seinen Wunsch und stellen ihm sein Fläschchen hin. »So wüsste ich endlich, was mein Baby wirklich möchte!«, denken Sie sicher. Mithilfe der Babyzeichen kann das bald Realität werden.

## Gesten, Zeichen und Gebärden ...

Gesten, Zeichen und Gebärden gehören nicht nur im Gespräch mit Kindern zu unserer Körpersprache, sondern auch wenn wir Erwachsene untereinander kommunizieren. Das geschieht nicht bewusst, sondern passiert ganz instinktiv in Verbindung mit dem gesprochenen Wort. Sie ergänzen und bestärken das, was wir sagen, und sind daher ein wichtiger Bestandteil der Sprache.

### ... sind für Kinder extrem wichtig!

Für Kinder jedoch, die erst noch sprechen lernen, haben Gesten, Zeichen und Gebärden einen ganz anderen Stellenwert: Für sie sind sie Vorstadium des gesprochenen Wortes, denn sie ermöglichen Kommunikation ohne Sprache. Sobald der kindliche Sprechapparat so weit entwickelt ist, dass Kinder Worte und schließlich ganze Sätze artikulieren können, tritt zwar die Sprache als Mittel zur Verständigung in den Vordergrund, die Sprache des Körpers bleibt jedoch nach wie vor als unterstützende Kommunikationsmöglichkeit bestehen.

### Gebärden als Ursprache?

Während sie sprechen lernen, deuten Kinder mit Vorliebe auf Personen oder Dinge, die sie interessant finden, und bedienen sich damit einer der natürlichsten Gesten überhaupt. Auch Ihr Baby hat sicher schon irgendwann einmal sein Fingerchen ausgestreckt, auf etwas gedeutet und dabei den Blickkontakt seines Gegenübers gesucht – und das ganz ohne Anleitung. Ist diese simple Zeigegeste demnach eine Art Ursprache des Menschen? Dieser Frage wollte auch Dr. Ulf Liszkowski vom Max-Planck-Institut für Evolutionäre Anthropologie in Leipzig mit seinem Team auf den Grund gehen. Denn sein Augenmerk liegt auf der Frage, welche Rolle willentliche Gebärden in der Sprachentwicklung des Menschen einst gespielt haben.

Aufgrund seiner Untersuchungen (siehe Info Seite 27), die sich mit kindlichen Zeigegesten beschäftigten, vermutet der Forscher, dass die Sprache des Menschen offenbar aus Gesten und Pantomime entstanden ist: »Menschen benutzen bis heute Gestik.«

**KOMMUNIKATION = MEHR ALS WORTE**
Psychologen gehen davon aus, dass etwa 55 Prozent unserer Kommunikation über Körpersprache, Mimik und Gestik ablaufen, ungefähr 38 Prozent über den Tonfall oder die Art des Sprechens und nur 7 Prozent über die Worte selbst.

Das deutet darauf hin, dass sie in der Evolution wichtig war.« Auch die Tatsache, dass Sprache von einem Gehirnbereich gesteuert wird, der gleich neben dem Areal für die Feinmotorik der Hände liegt, scheint diese These zu untermauern. So ist es auch durchaus vorstellbar, dass ein Teil unseres Sprachzentrums aus diesem Gehirnbereich hervorgegangen ist.

### Körpersprache und Wörter – ein unschlagbares Team

Wenn Sie mit Ihrem Kind kommunizieren, lassen Sie nicht nur Worte, sondern auch Ihre Hände sprechen. Dies ist eine der natürlichsten Reaktionen überhaupt, denn Sie handeln dann rein instinktiv: Sie wissen einfach, dass die passende Geste zum gesprochenen Wort dem Gesagten erheblich mehr Ausdruck verleiht und von Ihrem Kind dadurch besser verstanden wird. Denken Sie nur daran, dass Sie begeistert in die Hände klatschen und »Bravo!« rufen, wenn Ihr kleiner Liebling etwas Schwieriges gemeistert hat. Oder Sie schütteln den Kopf und sagen »Nein!«, wenn Ihr Kind etwas nicht tun soll. Und auf Ihre Aufforderung »Zeig mal, wie groß du bist« wird es im Gegenzug seine Ärmchen nach oben werfen und sie anstrahlen. Für den Wunsch »Mama, ich möchte auf deinen Arm« streckt es Ihnen seine Ärmchen entgegen und sieht Sie bittend an. Und das Verabschieden zeigen Sie und Ihr Kind, indem Sie »winke, winke« machen.

## Wie kam es zu den Babyzeichen?

Keine Frage: Ihr Kind lernt sprechen. Doch bis es so weit ist, vergeht viel Zeit – Zeit, in der Ihr Baby täglich viele aufregende Entdeckungen macht, über die es sich gern mit Ihnen unterhalten möchte. Doch das ist schwierig, wenn seine Sprechwerkzeuge noch nicht ausreichend funktionieren. Die Lösung liegt im wahrsten Sinne des Wortes auf der Hand: Denn die Motorik der kleinen Händchen ist normalerweise schon recht weit entwickelt. Dadurch kann sich Ihr Kind mit der Sprache der Gesten ausdrücken! Und damit lässt sich eine Menge sagen, nämlich all das, was Ihr Kind im Moment interessant findet, was seine Aufmerksamkeit fesselt und woran es Sie teilhaben lassen möchte.

### GESTIK – EINE FRAGE DER HERKUNFT

Im Vergleich zu uns verstärken unsere südeuropäischen Nachbarn ihre Aussagen wesentlich häufiger mit Gesten. Wenn beispielsweise ein Italiener über Essen spricht, verwendet er oft die dazu passende Geste: Eine Hand mit zusammengelegten Fingern wird zum Mund geführt und rhythmisch vor- und zurückbewegt – eine Sprache, die selbst ohne Italienischkenntnisse gut zu verstehen ist.

**INFO**

# Dem Ursprung der Sprache auf der Spur

**Dr. Ulf Liszkowski vom Max-Planck-Institut für Evolutionäre Anthropologie in Leipzig gehört zu den wenigen deutschen Forschern, die sich mit der Frage beschäftigen, welche Rolle Gebärden in der Sprachentwicklung des Menschen spielen. Seine Forschungen haben Verblüffendes ans Licht gebracht.**

Dr. Liszkowski und sein Team gingen bei ihren Forschungen zunächst davon aus, dass ein Baby auf einen Gegenstand deutet, weil es ihn haben möchte. Die Forscher fanden jedoch heraus, dass schon einjährige Kinder mithilfe ihres Zeigefingers Personen dazu auffordern, gemeinsam mit ihnen Dinge zu betrachten. Und mehr noch: »Sie können sich bereits in andere Menschen hineinversetzen und wissen, dass sie das Verhalten anderer beeinflussen können« – so der Wissenschaftler. Zu diesem Schluss kam er aufgrund des folgenden Experiments, das mit vielen Kindern wiederholt wurde und immer den gleichen Verlauf nahm: Ein etwa einjähriges Kind beobachtet einen Mann, der mit einem Locher hantiert. Der Mann verlässt den Raum, der Locher bleibt jedoch da. Eine Frau betritt den Raum, nimmt den Locher, stellt ihn in eine Ecke und verlässt den Raum wieder. Der Mann kehrt zurück, blickt sich suchend um und fragt: »Wo ist denn mein Locher?« Nach kurzem Zögern

streckt das Kind seinen Finger in Richtung Locher aus und ruft: »Da!« Offenbar hat das Kind verstanden, dass der Mann nicht wusste, wo der Locher jetzt war, und ist ihm zu Hilfe gekommen.

### Auf die Kleinsten zugeschnitten

Die Herausforderung bestand nun darin, diese Art der Kommunikation für Babys nutzbar zu machen. Deshalb wurde das Repertoire alltäglicher Gesten kindgerecht erweitert und gleichzeitig auf die Bedürfnisse und den Entwicklungsstand von Kleinkindern abgestimmt. Das Ergebnis ist eine Babyzeichensprache, die das Potenzial von Kindern nutzt: Denn die Kleinen können sich damit durch einfache Bewegungen ausdrücken und gleichzeitig durch Nachahmen lernen.

### Das Verstehen kommt vor dem Sprechen

All das funktioniert nur, weil Kinder ein großes Bedürfnis haben, sich mitzuteilen. Hinzu kommt, dass Kinder in diesem Alter zwar schon sehr viel verstehen, aber noch nicht sprechen können, da ihr Sprechapparat (siehe dazu auch Seite 32) noch nicht weit genug entwickelt ist. Sie befinden sich dadurch häufig in einem Dilemma: Sie wissen nämlich schon sehr genau, wie Dinge ablaufen und welche Rolle sie dabei einnehmen möchten, können das aber noch nicht kommunizieren. Doch mithilfe der Babyzeichensprache wird es für Babys und Kleinkinder möglich, früher als üblich zu kommunizieren – und das eröffnet Ihnen und Ihrem Kind ungeahnte Möglichkeiten! So können Sie zu einem früheren Zeitpunkt an der kindlichen Welt noch mehr teilhaben, wodurch Sie Ihr Kind dann auch besser verstehen. Schließlich kann es Ihnen nun »sagen«, was in seinem Inneren vorgeht.

### Wie so oft: eine Idee aus Amerika

Die Idee, eine Zeichensprache zu entwickeln und damit die Kommunikation zwischen Eltern und Babys zu ermöglichen, kommt ursprünglich aus den USA. Dort stellte in den Achtzigerjahren der Sprachforscher Dr. Joseph Garcia fest, dass hörende Kinder, die in Familien mit nichthörenden Familienmitgliedern

**ZEICHEN FÜR ELTERN UND KINDER**

Unter »Babyhandzeichen« oder »Babyzeichen« (im Englischen »Baby Signs«) sind einfache Gesten zu verstehen, die für Bedürfnisse, Personen, Tiere sowie Gegenstände, Tätigkeiten oder Ereignisse aus dem Babyalltag stehen. Eltern zeigen sie ihren Kindern in entsprechender Situation und benutzen sie parallel zur Sprache. Als Grundlage dient die Deutsche Gebärdensprache (DGS) für Gehörlose, wobei die Zeichen jedoch an die feinmotorischen Fähigkeiten von Babys angepasst wurden.

und daher mit Gebärden- und Lautsprache aufwuchsen, vergleichsweise viel früher kommunizierten als gleichaltrige Kinder, die keine Gebärdensprache benutzten.

## Parallel dazu: aus der täglichen Praxis heraus entwickelt

Etwa zur gleichen Zeit machte die Psychologin Linda Acredolo ebenfalls eine interessante Entdeckung: Sie beobachtete ihre kleine Tochter immer wieder dabei, wie sie für geliebte Spielzeuge, Tiere oder Personen bestimmte Zeichen benutzte. Zusammen mit ihrer Kollegin Susan Goodwyn wollte sie diesem Phänomen nachgehen und führte verschiedene Studien durch, die die Ergebnisse von Dr. Garcia bestätigten. Davon angespornt entwickelten beide Forscherinnen die »Baby Signs«, die seither in Amerika, aber auch in vielen anderen englischsprachigen Ländern von Eltern und Kindern mit großem Erfolg benutzt werden. In den USA machten die Babyzeichen eine einzigartige Karriere, denn dort gehört der Besuch einer »Baby Sign Class« heute zum Standard-Programm für Eltern und Kinder.

## Längst überfällig: eine Sprache noch vor dem Sprechen

Kein Wunder, dass die Babyzeichen so erfolgreich sind, setzen sie doch da an, wo bisher keine Möglichkeit der Kommunikation bestand: beim Zwiegespräch von Eltern und Babys/Kleinkindern. Denn Babys wissen schon sehr früh, was sie sagen wollen, können es aber nicht, weil sie rein von der Physiologie her noch nicht in der Lage sind, ihre ersten Worte zu sprechen. Denn der kindliche Sprechapparat – also das Zusammenspiel von Mundmuskeln, Zunge, Zähne und Gaumen – muss sich erst noch voll entwickeln, bevor es Töne und Silben als verständliche Worte artikulieren kann. Und die Idee der Babyzeichen geht deshalb weltweit ihren Weg: Mittlerweile gibt es auch im deutschsprachigen Raum beinahe flächendeckende Kursangebote (siehe Adressen, die weiterhelfen, Seite 123), in denen Eltern und Kinder die Babyzeichen kennen- und anwenden lernen.

**BABYZEICHEN ALS »MUSS«**
Während im deutschsprachigen Raum die Babyzeichen gerade an Bekanntheitsgrad gewinnen, gehören sie in England und Amerika schon seit vielen Jahren zum Angebot für junge Eltern, Erzieher/-innen, Kindergärtner/-innen und Kinderkrankenschwestern.

# Das Besondere an Babyzeichen-Zauberhand-Kursen

Simone Astolfi und Susanne Weidenhausen bieten ihre Kurse mit Hauptsitz in Frankfurt/Main an, wo sich einmal pro Woche sechs bis maximal acht Babys mit ihren Müttern oder Vätern für eine Stunde treffen. Meist sind die Gruppen altersgemischt, und das Programm ist so aufgebaut, dass sich dabei sowohl kleine Babys ab 6 Monaten als auch ältere Babys bis etwa 30 Monate wohlfühlen.

### Sind alle Babyzeichen-Zauberhand-Kurse gleich?

Nein, es gibt einen Basis- und einen Spiele- beziehungsweise Zeichenkurs. Der Basiskurs richtet sich vor allem an die Eltern, die dort Hintergründe und Basiswissen zu den Babyzeichen vermittelt bekommen und die ersten Zeichen kennenlernen. Dieser Kurs ist die ideale Grundlage für den Spiel- und Zeichenkurs, bei dem Basiszeichen vertieft und neue (Spaß-)Zeichen spielerisch eingeführt werden. Diese Zweistufigkeit hat den Vorteil, dass die meisten Fragen der Eltern bereits beantwortet sind und so im Folgekurs viel Zeit fürs Zeichenlernen und Spielen bleibt. Der Aufbau des Buches ist dem nachempfunden: Der erste Teil erläutert die Grundlagen und zeigt auf, wie diese eingeführt werden sollten. Im Praxisteil dann geht es um die Zeichen selbst sowie um begleitende Spiele und Reime.

### Wie muss man sich so ein Spielkurstreffen bei Ihnen vorstellen?

Kinder und Eltern haben eigentlich immer viel Spaß, wenn es darum geht, gemeinsame Kommunikationsmöglichkeiten zu entdecken. Und genau das liegt uns auch besonders am Herzen. Dazu bieten wir den Kleinen interessantes Sinnes- und Spielmaterial an, mit dem sie ihre eigenen motorischen und sensorischen Erfahrungen machen können. Neben bekannten kommen immer auch neu erlernte Babyzeichen zum Einsatz, wenn wir Kinderlieder singen oder lustige Fingerspiele ausprobieren. Dabei können die Eltern auf spielerische Art ihr Repertoire an Babyzeichen testen.

### Wie schnell gehen Sie in Ihren Kursen vor? Wie viele Babyzeichen lernen die Kinder normalerweise pro Woche?

Jede Woche stehen zwei neue Babyzeichen im Mittelpunkt, und bereits bekannte werden gefestigt. Unsere Kurse sind also eine Mischung aus Bekanntem und Neuem, sodass das Programm für die Kleinen immer irgendwie vertraut ist und dabei doch spannend bleibt. Außerdem gehören gemeinsame Ausflüge wie beispielsweise ein Besuch im Zoo, auf dem Bauernhof oder einem Spielplatz zum Kursangebot – Situationen also, bei denen die Babyzeichen zum Greifen nah erlebt werden.

### Ein Blick ins Internet zeigt, dass es heute viele verschiedene Zeichenkurse gibt. Vermitteln sie alle das Gleiche?

Die Idee der Babyzeichen stammt aus den USA und kam von dort aus nach Europa und eben auch zu uns. Basis aller Babykurse sind die wissenschaftlichen Studien von Acredolo, Goodwyn und Garcia sowie die Modelle, die sich daraus entwickelten (siehe dazu auch Seite 28/29). Dementsprechend ist auch die Intention aller Kurse gleich: Sie eröffnen Eltern und Kindern die Möglichkeit, noch vor dem eigentlichen Spracherwerb zu kommunizieren. Die Zeichen sind überwiegend identisch, kleinere Abweichungen sind aber möglich. Das heißt für Sie: Wenn Sie parallel zum Buch einen Kurs besuchen möchten, sollte eher der wohnortnahe Standort ausschlaggebend sein als der Name, den der Kurs oder das Institut trägt.

### Was können Sie den Eltern vermitteln, was ein Buch nicht kann?

Wir haben vor allem die Möglichkeit, Eltern Mut zu machen, wenn die Zeichen nicht gleich auf Anhieb gezeigt werden. Das ist sehr wichtig, denn erfahrungsgemäß ist es für die Eltern zuweilen sehr schwer durchzuhalten und die Zeichen unverdrossen selbst anzuwenden, auch wenn von den Kindern nichts kommt. Viele Eltern empfinden unsere Betreuung in diesem Punkt als besonders hilfreich.

### Was begeistert die Eltern an Ihren Kursen am meisten?

Neben den neuen Zeichen und den zahlreichen Sing-, Finger- und Bewegungsspielen bleibt den Eltern immer genügend Zeit für einen Austausch untereinander. Das ist gerade für Neulinge sehr wichtig, denn die Sprache der Hände ist zunächst doch sehr ungewohnt. Sie empfinden die motivierenden Tipps von Eltern, deren Babys sich schon gut mit Babyzeichen ausdrücken können, immer als äußerst hilfreich.

## Babys lassen Hände sprechen

Bis Ihr Kind annähernd all das artikulieren kann, was es möchte, dauert es mehr als zwei Jahre. In dieser Zeit ist seine geistige Reife jedoch so weit fortgeschritten, dass es die Bedeutung vieler Worte bereits sehr gut verstehen kann, ohne sie selbst auszusprechen. Ob auch Ihr Kind bereits so weit ist, können Sie beispielsweise daran erkennen, wenn Ihr Kind auf die Frage »Wo ist dein Ball?« losläuft und den Ball holt.

### Die Feinmotorik muss stimmen

Ab etwa acht Monaten sind auch die feinmotorischen Fähigkeiten Ihres Kindes, also seine Fingerfertigkeit und die Beweglichkeit der Hände, schon so weit entwickelt, dass es damit nicht mehr nur mit Gegenständen spielt und sie befühlt, sondern auch bestimmte Gesten nachahmen kann. »Winke, winke« beispielsweise zeigt Ihnen Ihr Baby vermutlich zwischen dem achten und neunten Monat – in einer Phase also, in der es geistig und feinmotorisch schon recht weit ist, jedoch noch nicht verständlich sprechen kann.

## So geht der Spracherwerb vonstatten

| | ab 6 Monate ⟶ | ab 8 Monate ⟶ | | 12–24 Monate |
|---|---|---|---|---|
| **Reiner Spracherwerb** | Das Baby hat eine Vorstellung, was unter Trinken zu verstehen ist | Das Baby hat einen Zusammenhang zwischen dem Wort »trinken« und dem tatsächlichen Trinken hergestellt, kann sich aber noch nicht äußern | | Wenn das Baby Durst hat, kann es »trinken« sagen, es setzt also das passende Wort ein, um das zu erhalten, was es möchte |
| **Babyzeichen plus Spracherwerb** | Das Baby hat eine Vorstellung, was unter Trinken zu verstehen ist | Das Baby hat einen Zusammenhang zwischen dem Wort »trinken« und dem tatsächlichen Trinken hergestellt | Mithilfe der Babyzeichen kann sich das Baby nonverbal ausdrücken und zeigen, dass es trinken möchte | Wenn das Baby Durst hat, kann es »trinken« sagen, es setzt also das passende Wort ein, um das zu erhalten, was es möchte |

Um diesen Zeitpunkt herum macht es Sinn, nach und nach die Babyzeichen einzuführen. Das Schema auf Seite 32 zeigt anhand des Beispiels »Trinken«, in welcher Phase der mehrstufigen Sprachentwicklung die Babyzeichen optimalerweise eingesetzt werden können.

## Babyzeichen machen das Leben leichter

Heute weiß man aufgrund verschiedener Forschungen, dass Zeichen und Gesten für Babys natürliche Helfer auf ihrem Weg zur Sprachentwicklung sind. So fand Etta Wilken, Professorin für Sonderpädagogik an der Universität Hannover (siehe Bücher und Adressen, die weiterhelfen, Seite 123), heraus, dass sie eine Art »Brückenfunktion« einnehmen: Denn Kinder können etwa ab dem siebten Monat zwar viel verstehen, doch bis sie schließlich von der Mundmotorik her in der Lage sind, Ihre Gedanken in Worte zu fassen, vergehen Monate, wenn nicht Jahre.

Und eben diese Zeit der Sprachlosigkeit können Babys und Kleinkinder mit den Babyzeichen überbrücken. Denn mit ihnen lassen sich ohne Worte Wünsche und Bedürfnisse für alle verständlich artikulieren. Und eben das ist eine große Erleichterung, wie alle Eltern, die mit ihren Kindern per Handzeichen kommunizieren, schnell feststellen können: Mit Babyzeichen wird der Babyalltag entschieden leichter!

### Sprache anschaulich begreifen

Fest steht, dass Babys am besten sprechen lernen, wenn ...

> ... ihre natürliche Neugier angeregt wird;
> ... sie uns Erwachsene nachahmen können;
> ... ihr Interesse, die Hände und Gesichter der Erwachsenen zu beobachten, befriedigt wird.

All das geschieht ganz automatisch, wenn Sie mit Ihrem Kind mithilfe der Babyzeichen kommunizieren: Wenn Sie beispielsweise mit Ihrem Zeigefinger die Lippen berühren und »leise« sagen oder die abendliche Aufforderung »Komm, du bist so müde, du gehst jetzt schlafen« mit dem entsprechenden Zeichen untermalen, lernt Ihr Kind schnell, die Zeichen bei passender Gelegenheit

**WICHTIG**

Sprechen ist ein hochkomplexer Vorgang: Mehrere Bereiche des Gehirns, über einhundert Sprech- und Mimikmuskeln, das Berührungsempfinden, Hören, Sehen sowie enorme Gedächtnisleistungen und richtiges Atmen müssen exakt zusammenspielen. Denn nur dann wird das, was wir sagen, für unser Gegenüber hörbar.

selbst einzusetzen. Denn mithilfe der Babyzeichen können Kinder das gesprochene Wort nicht nur hören, sondern zusätzlich noch verstärkt sehen und sogar mit den eigenen Händen erleben. Das hat zur Folge, dass es beim gleichzeitigen Gebrauch von Sprache und Gesten zu einer stärkeren Vernetzung des Gehirns kommt: Denn wenn wir sprechen, werden andere Gehirnareale aktiviert als beim Gebrauch der Gebärden. Durch diese Mehrschichtigkeit findet ein ganzheitlicher Lernprozess mit maximalem Lerneffekt statt. Wie vielfältig Ihr Baby davon profitiert, erfahren Sie auf Seite 46.

Möglicherweise ist dies auch der Grund für die Schlussfolgerung, welche die beiden Psychologinnen Acredolo und Goodwyn aus ihren Studien (siehe Seite 28/29) zogen: Kinder, die mit Babyzeichen aufwachsen, erlernen ihre Muttersprache besser und schneller als Kinder, mit denen ausschließlich gesprochen wurde.

### Sinnliche Eindrücke fördern die Sprachentwicklung

Wissenschaftler fanden heraus, dass sich Sprachentwicklung und motorische Entwicklung bei Kindern bedingen: Erst wenn die Motorik der Finger einen gewissen Entwicklungsstand erreicht hat, entwickelt sich bei Babys auch das Sprachvermögen. Der Grund: Die Steuerungszentralen für Fingerfertigkeit und Sprache liegen im Gehirn dicht beieinander und sind miteinander verkoppelt. Indem die Fingerfertigkeit angeregt wird – wie das beim Benutzen der Babyzeichen oder bei Fingerspielen der Fall ist –, wird gleichzeitig offenbar auch die Reifung des Sprachzentrums beschleunigt.

## Mühelos mehrsprachig ...

In Deutschland leben immer mehr Familien, in denen mehr als eine Sprache gesprochen wird. Für Kinder, die mehrsprachig (in der Regel sind das zwei Sprachen) aufwachsen,

**GU-ERFOLGSTIPP**
**DEN SPRACHTURBO EINSCHALTEN**

Das gibt Ihnen die Möglichkeit, Ihr Baby ganz gezielt zu fördern: Indem Sie Ihr Kind immer wieder dazu anregen, sich spielerisch mit seinen Händen und Fingern zu beschäftigen, können Sie die Reifung des Sprachzentrums um etwa zweieinhalb Monate beschleunigen. Außerdem sollten Sie Ihr Baby Dinge im wahrsten Sinne des Wortes »begreifen« lassen. Denn kleine Kinder lernen die Namen von Dingen grundsätzlich schneller, wenn sie die Gegenstände anfassen dürfen.

Zweite Sprache = zweite Chance: Die Babyzeichen schlagen dabei eine Brücke zwischen den Sprachen.

stellt dies kein Problem, sondern vielmehr eine große Bereicherung dar. Denn beide Sprachen werden parallel erlernt, ohne dass die Kinder zusätzlich daran arbeiten müssen. Hinzu kommt, dass diese Kinder mit der zweiten Sprache immer auch eine zweite Kultur kennenlernen und sich ihnen dadurch bereits in der Schule, aber auch später im Berufsleben große Chancen eröffnen, die einsprachige Kinder kaum jemals haben werden.

### ... mithilfe der Babyzeichen

Die meisten Kinder lernen eine zweite Sprache fast mühelos und spielerisch, wobei es meist eine stärkere und eine schwächere Sprache gibt. Babyzeichen können auch hier eine gute Verständigungshilfe sein, da sie eine Art Brücke zwischen den Sprachen bilden: Wenn beispielsweise die englische Mama von »cat« spricht, der deutsche Papa hingegen von »Katze« und beide dabei ein und dasselbe Babyzeichen benutzen, dann wird dem Kind bald klar, dass auch dasselbe Tier gemeint sein muss. Ein Babyzeichen steht also für zwei unterschiedliche Bezeichnungen, die wiederum ein und dieselbe Bedeutung haben.

## Kommunikation, die glücklich macht

Kinder lernen immer dann am besten, wenn ihnen etwas Spaß und Freude bereitet. Und genau deshalb wird Ihr Kind die Babyzeichen gern nachahmen und benutzen! Denn die kindgerechten Gesten fördern spielerisch die Lust am gemeinsamen Dialog, mit dem Effekt, dass Ihr Baby die Zeichen »nebenbei« erlernt. Sie werden feststellen, dass Ihr Baby schon bald versuchen wird, sich mit Ihnen auszutauschen. Denn die meisten Babys sind glücklich, endlich ihre Wünsche mitzuteilen und Sie als Eltern nun endlich auf kleinste, aber interessante Entdeckungen aufmerksam machen zu können (siehe auch Erfahrungsberichte, Seite 62). Hinzu kommt, dass einige Zeichen so anschaulich sind, dass es Ihnen und Ihrem Kind einfach Spaß machen wird sie nachzumachen. Oder haben Sie vorher schon einmal für Ihr Kind eine Katze gespielt, die sich ihre Schnurrbarthaare glatt streicht und eindeutige Geräusche von sich gibt, oder sich als Hase mit langen Ohren und krausem Näschen gezeigt?

### Babyzeichen = Selbstvertrauen

Jedes Kind braucht eine gesunde Portion Selbstvertrauen, um seine Welt – auch sprachlich – zu erobern. Dieses Vertrauen in die eigenen Fähigkeiten kann Ihr Baby immer dann entwickeln, wenn sein Tun und Handeln von Ihnen liebevoll begleitet wird und es damit Erfolg hat. Die Babyzeichen unterstützen Sie dabei als perfekte Helfer. Denn sie ermöglichen Ihrem Kind bereits in einem frühen Stadium des Sprachlernprozesses, Dinge, Handlungen und Bedürfnisse durch Zeichen exakt auszudrücken und ihnen einen Namen zu geben.

Und ebendiese Erfahrung stellt ein großes Erfolgserlebnis für Ihr Kind dar – und eine Leistung, die Sie dann sicher mit Gebühr zu würdigen wissen: Wenn Sie auf seine Signale reagieren und darauf eingehen oder wenn Sie es loben, wenn es sich mitteilt, fühlt sich Ihr Baby in seinem Handeln verstanden und bestärkt. Hinzu kommt, dass Ihr Kind auf diese Art und Weise noch bevor es sprechen kann lernt, dass es in der gemeinsamen Familien-Kommunikation eine aktive Rolle einnimmt.

## Spaß und Zufriedenheit für die ganze Familie

Doch die Vorteile der Babyzeichen reichen noch weiter: Denn Babys, die sich rundum verstanden fühlen, vertrauen ihren Bezugspersonen voll und ganz. Und umgekehrt fühlen auch Sie als Eltern sich im täglichen Umgang mit Ihrem Kind sicherer, da Sie die Signale Ihres Babys besser verstehen und deshalb gezielt darauf eingehen können.

Aber auch Geschwisterkinder profitieren von der frühen Kommunikation per Hand, denn sie erlernen die Zeichen blitzschnell und ganz nebenbei. Und wer einmal beobachtet hat, mit welchem Spaß die »Großen« sich mit ihren kleinen Schwestern oder Brüdern per Zeichensprache unterhalten, wird entzückt sein. Denn es ist offensichtlich, dass sie es genießen, endlich einmal als »Große(r)« den »Kleinen« etwas zu zeigen und ihnen (neue Zeichen) beizubringen. Und wenn es dann darum geht, dem Geschwisterkind Lieder vorzusingen oder Fingerspiele vorzuführen und beides mit der Sprache der Hände zu untermalen, ist die Begeisterung älterer Geschwister stets ebenso groß wie der Spaß.

## So kommt erst gar kein Frust auf!

Sicher kennen Sie die Situation, dass Ihr Kind auf einen Gegenstand zeigt und »dada!« sagt. Diese Laute können viel bedeuten, und auch mit dem Gegenstand lässt sich vermutlich vielerlei anstellen. Was also will Ihr Liebling? Sie probieren einige Möglichkeiten aus, doch nichts scheint richtig zu sein.

Spätestens an diesem Punkt kommt es gern zu einer kleinen Nervenprobe, denn Ihr Kind fordert inzwischen wütend schreiend das ein, was es »gesagt« hat. Diese und ähnliche Missverständnisse werden Sie mit Ihrem Kind natürlich immer wieder erleben, solange es noch nicht richtig sprechen kann. Doch selbst solche Situationen verlieren an Schärfe, wenn Ihr Kind zumindest einen Teil seiner Wünsche und Bedürfnisse unmissverständlich mithilfe der Babyzeichen ausdrücken kann. Denn sobald es bemerkt, dass Sie auf seine Signale eingehen, fühlt es sich verstanden und reagiert nicht gleich mit Weinen. Schließlich weiß es, dass Sie sich um eine Lösung seines Problems bemühen.

### GESPRÄCHE UNTER GESCHWISTERN

Durch die Babyzeichen kommen größere, möglicherweise eifersüchtige Geschwister ganz leicht mit den »kleinen Konkurrenten« ins Gespräch. Häufig kann das Eifersüchteleien etwas besänftigen.

Spielend lernen: Weil's Spaß macht, lernen Babys die Zeichen im Handumdrehen.

### Höchste Konzentration für Babys

Dass beim Ausführen der Babyzeichen viel Bewegung im Spiel ist, hat gleich mehrere Vorteile: Zum einen schaffen Sie dadurch einen sogenannten »focus of attention«, also einen Moment der gesteigerten Aufmerksamkeit. Während Sie Ihrem Kind die Babyzeichen vormachen und dabei die entsprechenden Worte benutzen, lauscht Ihr Kind fasziniert Ihrer Stimme und beobachtet mit großen Augen Ihre Hände. Sagen Sie beispielsweise »Hol deine Puppe!« und machen dabei das Zeichen für Puppe, konzentriert sich durch die Kombination von Wort und Geste seine ganze Aufmerksamkeit auf das Zeichen und das Schlüsselwort Puppe. Dadurch fällt das Erlernen der Zeichen besonders leicht.

Zum anderen stellen auch die Bewegungen, die Ihr Kind ausführt, hohe Anforderungen an seine Konzentration und Motorik. Denn nur wenn Ihr Baby Ihre Hände genau beobachtet, kann es erkennen, worauf es bei der entsprechenden Bewegung ankommt. Im Anschluss muss es versuchen, seine Händchen so weit zu kontrollieren, dass es die Bewegungen nachahmen kann.

Das gelingt anfangs vielleicht noch nicht so gut, doch mit zunehmender Fingerfertigkeit und Übung wird es immer besser. Womit wir auch schon beim nächsten Vorteil wären: Die Babyzeichen spornen Ihr Kind an, seine Fingerfertigkeit zu verfeinern, da es Sie möglichst exakt nachmachen und gelobt werden möchte. Und genau das wirkt sich fördernd auf seine geistige Entwicklung aus.

### Endlich: Einblicke in die Welt des Kindes

Wer die Handzeichen nutzt, um möglichst früh mit seinen Kindern zu kommunizieren, wird neben den bisher genannten positiven Aspekten vor allem eines feststellen: Die Handzeichen zeigen nicht nur, was das Kind möchte, sondern auch, was in seinem Köpfchen vor sich geht. Dadurch eröffnen sich Ihnen ungeahnte Einblicke in das, was Ihr Kind im Innersten bewegt. Nehmen Sie die Einladung der Babyzeichen wahr und haben Sie so ein Stück weit staunend teil an seiner Gedankenwelt.

### Stolpersteine auf dem Weg zur Babyzeichensprache

Grundsätzlich sind alle Kinder mit einer gehörigen Portion Neugier und mit der Fähigkeit des Nachahmens ausgestattet. Im Fall der Babyzeichen bedeutet dies, dass jedes Baby irgendwann einmal die Zeichen lernen wird – vorausgesetzt natürlich, dass Eltern sie im Alltag oft genug zeigen. Sobald Sie also die Gesten ganz selbstverständlich und immer wieder in Ihre Kommunikation mit dem Kind einbauen, wird Ihr Kind seinem individuellen Lerntempo entsprechend auch von einem reinen Babyzeichenbeobachter allmählich zu einem aktiven Babyzeichenanwender. Manche Eltern sind nämlich der Meinung, dass ihr Kind die Babyzeichen gar nicht lernen will, da es sie nach ein paarmal Vormachen noch nicht gleich anwendet. Erfahrungsgemäß liegt dieses »Unvermögen« dann nicht an den Kindern, sondern daran, dass Eltern die Zeichen nicht konsequent genug im Alltag anwenden. Oft müssen die Zeichen mehrere Wochen angewendet werden, bis das Baby bei entsprechender Gelegenheit dann selbst das Zeichen zeigt. Und manchmal zeigen Kinder sogar schon längst einige Zeichen, doch die werden von den Eltern einfach nicht bemerkt, da sie vielleicht noch nicht perfekt ausgeführt werden oder anders als erwartet ausfallen (siehe dazu auch Seite 58).

**IMMER UND ÜBERALL!**
Zeigt Ihr Baby ein neues Zeichen nicht, sollten Sie Ihr Augenmerk auf sich selbst lenken: Wenden Sie das Zeichen wirklich immer dann an, wenn Sie das betreffende Wort aussprechen? Wenn nicht, kann es sein, dass Ihr Baby das Zeichen nicht oft genug gesehen hat.

## Auch Babyzeichen haben ihre Grenzen

Keine Frage – die Babyzeichen können den Alltag mit Babys und Kleinkindern enorm erleichtern. Doch wie auch das Sprechen- oder Laufenlernen ist das Erlernen der Zeichen ein Prozess, bei dem Sie unbedingt folgende Punkte beachten sollten:

> Ihr Baby sollte die Babyzeichen ausschließlich auf spielerische Art im täglichen Miteinander lernen – es gibt also weder ein tägliches Programm, das Ihr Kind zu absolvieren hat, noch ein Ziel, das es in einer bestimmten Zeit erreichen muss. Am besten beobachten Sie Ihr Kind: Es wird Ihnen zeigen, wann und wie viele Zeichen es lernen möchte.

> Es wäre definitiv falsch, die Babyzeichen als ein Sprachtraining anzusehen, das Ihr Kind auf jeden Fall schneller sprechen lässt. Sehen Sie die Zeichen lieber als eine Art Brücke, die Ihrem Kind auf dem Weg zur Sprachfertigkeit über so manchen Stolperstein hinweghilft.

> Babyzeichen wollen und können nicht das gesprochene Wort ersetzen. Sie werden dementsprechend immer im Zusammenhang mit der Lautsprache beziehungsweise einem entsprechenden Schlüsselwort benutzt.

### ENDLICH ANERKANNT: DIE GEBÄRDENSPRACHE

Für Gehörlose gibt es heute die Deutsche Gebärdensprache (DGS), die eine anerkannte Sprache mit eigenen Grammatik- und Satzbildungsregeln ist. Unglaublicherweise war sie in Deutschland lange Zeit verpönt: So war es Gehörlosen mehr als 100 Jahre lang verboten, die Gebärdensprache in der Schule anzuwenden. Denn man ging davon aus, dass nur wer Sprache beherrscht, in seiner geistigen und emotionalen Entwicklung ein gesunder Mensch ist. Diese Annahme hatte bis in die Mitte des 20. Jahrhunderts Bestand. Erst dann entdeckte man, dass auch Gehörlose mithilfe von Gebärden in der Lage sind, sich über abstrakte und komplexe Themen zu unterhalten. Im Jahr 1992 startete schließlich in Hamburg der erste Schulversuch, bei dem ein bilingualer Unterricht (= zweisprachig für Hörende und Gehörlose) durchgeführt wurde. Der Erfolg war überwältigend. Doch es dauerte noch bis zum Jahr 2002, dass die Gebärdensprache offiziell als vollwertige Sprache anerkannt wurde.

# Gebärdensprachen für Kinder

Die in diesem Buch vorgestellten Babyzeichen sind für gesunde Kinder gedacht, die noch nicht sprechen können. Für Babys, die mit einer Behinderung (wie etwa dem Down-Syndrom) auf die Welt gekommen sind, für hörgeschädigte sowie gehörlose Kinder gibt es dagegen spezielle Formen der kindgerechten Gebärdensprache. Zu ihnen zählen beispielsweise:

> Die Makaton-Methode wurde 1972 in Großbritannien für Kinder und Erwachsene mit Kommunikationsschwierigkeiten entwickelt. Das heißt, dass nicht nur Gehörlose, sondern auch Schlaganfallpatienten und Kinder mit Down-Syndrom durch diese Methode ein umfassendes Kommunikations- und Sprachförderungsprogramm erhalten, das aus Gebärden, grafischen Symbolen und Lautsprache besteht. Auch bei uns werden seit 1994 Makaton-Gebärden angewandt, die grundsätzlich mit der Deutschen Gebärdensprache vergleichbar sind (siehe auch Adressen, die weiterhelfen, Seite 123).

> Die von Prof. Dr. Etta Wilken (siehe Bücher und Adressen, die weiterhelfen, Seite 122f.) entwickelte Gebärden unterstützte Kommunikation (GuK) ist eine Methode für Kinder, deren Sprachentwicklung verzögert ist. Sie wurde für die Frühförderung und Vorschule von Kindern mit geistiger Behinderung konzipiert, die so leichter sprechen lernen sollten. Bei der Gebärden unterstützten Kommunikation sind 100 ausgewählte Gebärden durch ansprechende Zeichnungen dargestellt, wobei es zu jeder Gebärdenzeichnung eine Wortkarte sowie eine Bildkarte mit dem jeweiligen Objekt gibt.

> Für Kinder mit einer bereits bestehenden Hörschädigung gibt es die sogenannten Lautsprachbegleitenden Gebärden (LBG) (siehe Bücher und Adressen, die weiterhelfen, Seite 123). Sie sind wie die GuK aus der deutschen Gebärdensprache abgeleitet. Und auch hier werden – wie bei den GuK-Gebärden – keine ganzen Sätze erlernt, sondern einzelne Schlüsselwörter eines Satzes. Sie werden dann parallel zur gesprochenen Sprache benutzt.

# ALLER ANFANG IST SPIEL

Babyzeichen machen so unglaublich viel Spaß, da sie ohne Druck und mit viel Freude vermittelt werden. Was dabei zu beachten ist, erfahren Sie in diesem Kapitel.

# Gut vorbereitet beginnen

**Im Praxisteil dieses Buches** stellen wir Ihnen eine Auswahl von Babyzeichen für Anfänger und Fortgeschrittene vor, die im Baby-alltag besonders oft gebraucht werden und auf die Bedürfnisse von Kleinkindern zugeschnitten sind. Sie helfen Ihnen und Ihrem Baby nicht nur bei der Verständigung, sondern unterstützen gleich-zeitig Ihr Kind, damit es auf spielerische Art sprechen lernen kann. Denn für Kinder gibt es keinen Unterschied zwischen Ler-nen und Spielen: Sie lernen spielend!

## Mit allen Sinnen erfahren

Je interessanter Situationen und Dinge sind, die Ihr Baby hören, anschauen und anfassen, schmecken und riechen kann, desto aufregender und verlockender wird seine kleine Welt. Und alles, was seine Sinnes- und Bewegungsorgane anregt, fördert auch immer die gesamte Entwicklung. Spielend entdeckt Ihr Kind dabei neue Bewegungsmuster, stellt gedankliche Verbindungen her, begreift den Sinn einzelner Worte, macht sich durch Gesten verständlich und spricht schließlich seine ersten Worte – ein Meilenstein in seiner Entwicklung, den es am schnellsten und einfachsten meistert, wenn es dabei Spaß und Freude hat

## Zum Einstieg: die Basics

Bevor Sie Ihrem Kind die Babyzeichen zeigen und diese anwenden, sollten Sie zuerst noch einige Grundlagen kennenlernen. Im Anschluss erfahren Sie, wie Sie und Ihr Kind optimal in die Welt der Babyzeichen einsteigen und wie der Alltag mit Babyzeichen aussehen könnte. Die dabei empfohlene Vorgehensweise basiert auf dem Konzept »Babyzeichen-Zauberhand«, das Ausgangspunkt für dieses Buch war und auf den Seiten 30/31 ausführlich beschrieben wird. Wir möchten Ihnen dabei nicht nur unser umfangreiches Wissen als Kursleiterinnen zur Verfügung stellen, sondern Sie auch teilhaben lassen an dem, was wir in vielen Kursen mit unseren und auch mit anderen Kindern erfahren haben. Und natürlich hoffen wir, dass wir Ihnen mit vielen Tipps rund ums Thema helfen können, die Babyzeichen zu einem Vergnügen für die ganze Familie zu machen.

### Babyzeichen in der Gruppe

Selbstverständlich steht es Ihnen offen, begleitend zu diesem Buch einen Babyzeichenkurs zu besuchen. Denn der persönliche Kontakt zur Kursleiterin kann gerade in der Anfangsphase sehr hilfreich sein. Das trifft natürlich auch für die fachliche Beratung zu, wenn Sie in besonderen Situationen Hilfe brauchen. Diese Kurse bieten aber auch immer eine gute Möglichkeit, gleich gesinnte Eltern und deren Kinder zu treffen.

**FORSCHER MIT ALLEN SINNEN**

Was Kinder erkunden und in ihrem Gedächtnis abspeichern, möchten sie anfassen, riechen, schmecken, hören und sehen. Beim Gebrauch der Babyzeichen erhält Ihr Kind eine große Dosis an sinnlichen Eindrücken – und das wiederum fördert seine allgemeine Lernfähigkeit.

## DAS WICHTIGSTE DER BABYZEICHEN-KURSE AUF EINEN BLICK

Von einem Besuch der Babyzeichenkurse können Sie und Ihr Kind gleich mehrfach profitieren:

> Erleben Sie mit anderen Eltern, dass die Kommunikation mit Babyzeichen Spaß und Freude bereitet.

> Erfahren Sie im kleinen Kreis, dass sich Eltern und Kinder durch Babyzeichen noch besser verstehen.

> Spüren Sie schon nach kurzer Zeit, dass Babys zufriedener sind, wenn sie sich verstanden fühlen.

> Beobachten Sie die Babys aus dem Kurs, wie sie sich durch Zeichen verständlich machen.

> Lernen Sie, das individuelle Tempo des eigenen Kindes zu akzeptieren und darauf Rücksicht zu nehmen.

Da einige der Kursbesucher meist schon mit den Babyzeichen vertraut sind, können Sie auch dort gezielt nachfragen und so Infos aus erster Hand erhalten. Und mit großer Wahrscheinlichkeit lernt Ihr Baby in einem solchen Kurs nicht nur die Babyzeichen mit viel Spaß und Freude kennen, sondern findet auch gleich noch seine ersten Freunde.

Mittlerweile gibt es in vielen deutschen Groß- und Kleinstädten sowie in Österreich und der Schweiz entsprechende Kurse. Sie werden von speziell dafür ausgebildeten Kursleiterinnen geführt, die Sie und Ihr Baby in die Welt der Babyzeichen routiniert einführen und Ihnen mit Rat und Tat zur Seite stehen. Infos und Adressen, wie Sie Kurse in Ihrer Nähe finden, gibt es bei den »Adressen, die weiterhelfen« ab Seite 123.

**TIPP**
Sie suchen einen Kurs in Ihrer Nähe? Dann hilft Ihnen neben den Adressen auf Seite 123 vielleicht auch das Internet weiter. Unter den Stichworten »Baby(hand)zeichen«, »Babyzeichensprache« und »Zwergensprache« finden Sie entsprechende Links.

### Das Timing bestimmt Ihr Baby

Sobald Ihr Kind beginnt, seine Umwelt mit großer Neugier zu erforschen, wird es sich auch mitteilen wollen. Erkennen können Sie dies beispielsweise daran, wenn es beim gemeinsamen Spaziergang, beim Spielen oder Bilderbuchanschauen etwas Interessantes entdeckt hat. Dann nämlich deutet es mit dem Fingerchen darauf und sucht ganz gezielt Ihre Aufmerksamkeit. Vielleicht unterstreicht Ihr Kind seine Entdeckung noch mit einem aufgeregten »Da!«, das zu Beginn auch durchaus wie ein eindringliches »Hmm!« klingen kann. In der Regel ist das ungefähr im letzten Drittel des ersten Lebensjahres der Fall.

Vielleicht gehört Ihr Kind aber auch zu den Frühstartern und zeigt Ihnen sein Mitteilungsbedürfnis sogar schon vorher. Oder Ihr Baby lässt sich etwas mehr Zeit, bis es Gesten verwendet und sich mit Ihnen austauscht. Doch egal, wann es passiert – gestehen sie Ihrem Baby sein eigenes Tempo zu, denn auch in diesem Punkt ist jedes Kind einzigartig. Und eines ist sicher: Irgendwann wird jedes Baby beginnen, seine innere Welt mithilfe von Gesten und Sprache seinen Mitmenschen zu öffnen.

### So lernt Ihr Kind die Zeichen am besten

Wer einen Kurs besucht, lernt dort gemeinsam mit seinem Kind die ersten Zeichen und viele interessante Spielideen kennen. Doch auch ein Kurs kann das Zusammenspiel von Eltern und Kind zu Hause nicht ersetzen. Denn das meiste lernen Babys im gewohnten Umfeld, indem sie die Gesten im Alltag gebrauchen.

---

**GU-ERFOLGSTIPP    DER RICHTIGE ZEITPUNKT**

Babys finden erfahrungsgemäß den besten Einstieg in die Babyzeichen, wenn die Zeit, sprich ihre Entwicklung, dafür reif ist. Dieser Zeitpunkt ist natürlich von Kind zu Kind verschieden. Doch es gibt einige recht konkrete Hinweise, wann auch bei Ihrem Kind die Zeit für die Babyzeichen gekommen ist. Dafür sollten Sie Ihr Baby im Alltag für eine gewisse Zeit genau beobachten. Wenn Ihr Kind dann beispielsweise ...

> ... beim Verabschieden voller Begeisterung »Winke, winke« macht,

> ... in die Hände klatscht, wenn es sich über etwas freut,

> ... seine Ärmchen in die Luft wirft, um zu zeigen, wie groß es ist, und/oder

> ... seinen Kopf schüttelt, wenn es etwas nicht möchte,

sollten Sie auf jeden Fall aktiv werden und mit den Babyzeichen beginnen.

### Ist Ihr Baby aufnahmebereit?

Total müde, schlecht gelaunt oder vielleicht hungrig? Das sind denkbar schlechte Voraussetzungen, um Ihrem Baby die Zeichen nahezubringen. Das gilt natürlich auch, wenn sich Ihr Baby gerade völlig selbstvergessen mit sich selbst oder mit einem Spielzeug beschäftigt. Warten Sie dann lieber einen Zeitpunkt ab, an dem Ihr Kind an seiner Umwelt interessiert sowie offensichtlich aufnahmebereit ist und etwas Neues lernen möchte.

### Babyzeichen – so oft wie möglich!

Ihrem Kind fällt es sehr viel leichter, die Babyzeichen zu erlernen, wenn Sie Zeichen und Schlüsselwort häufig wiederholen: Je öfter Ihr Kind das Zeichen im entsprechenden Zusammenhang, also in Begleitung mit dem Schlüsselwort sieht, desto leichter kann es sich das Zeichen ins Gedächtnis einprägen. Nutzen Sie beispielsweise das Zeichen für Hund ruhig immer dann, wenn Sie einen Hund beim Spazierengehen, im Nachbarauto, im Bilderbuch, als Kuscheltier oder als Druck auf einem T-Shirt sehen oder Sie einen Hund bellen hören. Auf diese Weise werden die Zeichen immer und immer wieder angewandt und können sich festigen. Und keine Sorge – Ihrem Baby wird dabei bestimmt nicht langweilig. Im Gegenteil, es freut sich, wenn es sie anwenden und zeigen darf, was es bereits gelernt hat!

### Variieren Sie die Zeichen individuell

Häufig sind die Gesten für »essen«, »trinken« und »alle-alle« die ersten Zeichen, die Kinder erlernen. Denn sie betreffen Rituale, die mehrmals täglich wiederkehren und deshalb oft gezeigt werden können. Das sollte Sie aber nicht daran hindern, Ihrem Kind auch schon mal ein Fortgeschrittenenzeichen zu zeigen, vor allem dann, wenn Ihr Kind gerade besonderen Spaß

**GU-ERFOLGSTIPP**

**ZEICHEN MIT KONKRETEM BEZUG WÄHLEN**

Gerade am Anfang ist es wichtig, dass Sie Zeichen verwenden, die sich konkret und aktuell auf eine Handlung oder eine Sache beziehen. Denn Ihr Kind lernt ein Babyzeichen am besten, wenn es in einer sinnvollen Beziehung zu der Situation steht, in der es gebraucht wird. Wenn Sie beispielsweise gemeinsam am Tisch sitzen und eine Mahlzeit einnehmen, ist dies die beste Gelegenheit, die Zeichen für »essen« und »trinken« einzuführen. So kann Ihr Kind leicht eine Verknüpfung zwischen dem Babyzeichen und dem Schlüsselwort herstellen, denn in seiner Vorstellungswelt sind Tätigkeit und Sprache noch eng aneinandergekoppelt.

an einem Ball oder mit einem Haustier (wie Hund oder Katze) hat. Dann wird es vermutlich lieber zuerst eines dieses Zeichen lernen wollen.

### Babyzeichen: immerzu und überall

Benutzen Sie die Zeichen nicht nur in speziellen »Trainingssituationen«, sondern machen Sie sie zu einem festen Bestandteil Ihrer täglichen Kommunikation mit dem Kind. Denn je selbstverständlicher und häufiger Sie die Babyzeichen benutzen, desto besser kann Ihr Kind sie lernen. Sie befürchten, nicht immer daran zu denken, das Zeichen zu verwenden, wenn Sie das Schlüsselwort benutzen? Machen Sie die Zeichen doch einfach zu einem festen Bestandteil Ihrer täglichen Rituale: Dann werden von nun an eben die Essens- und Zubettgehzeiten beziehungsweise das Baden und Wickeln von den entsprechenden Babyzeichen und Schlüsselwörtern begleitet.

**WICHTIG**

Wenn Sie ein Zeichen eingeführt haben und in der Folgezeit wiederholen, sollten Sie Ihr Kind besonders aufmerksam beobachten. Nach einer Weile wird es versuchen, das Zeichen selbst zu zeigen, was zu Beginn noch recht ungenau ausfallen kann und daher mehr zu erahnen als zu erkennen ist. Doch sobald Sie den Eindruck haben, dass Ihr Baby ein Zeichen versucht, sollten Sie es loben und Ihre Begeisterung zeigen. Denn Lob wirkt Wunder! Und schon bald wird sich seine Fingerfertigkeit so weit verbessert haben, dass die Zeichen nach und nach immer deutlicher ausfallen.

### Jedem Baby sein eigenes Tempo!

Es ist unmöglich zu sagen, wie viel Zeit Ihr Kind braucht, um die Babyzeichen zu erlernen und aktiv anzuwenden. Denn kein Kind ist wie das andere, und somit ist auch das Tempo von Kind zu Kind unterschiedlich. In der Praxis konnten wir feststellen, dass die meisten Babys ihre ersten Zeichen im Alter von 9 bis 14 Monaten anwenden, wobei grundsätzlich gilt: Je jünger ein Baby ist, desto länger wird es brauchen, um sein erstes Zeichen zu zeigen. Aber auch ältere Babys werden die Zeichen anfangs nicht von einem Tag auf den anderen beherrschen, obwohl sie grundsätzlich verstehen, was die Gesten bedeuten. Denn auch bei den Babyzeichen ist es wie beim Spracherwerb: Kinder verstehen zunächst mehr Wörter, als sie aussprechen beziehungsweise zeigen können. Doch wenn Ihr Baby diesen ersten Schritt vom Verstehen zum Mitteilen getan hat, folgen die nächsten Zeichen erfahrungsgemäß recht schnell hintereinander.

### Schritt für Schritt zum Erfolg

Besonders wichtig ist, dass Sie sich gerade am Anfang nicht übernehmen. Beginnen Sie deshalb mit einem oder einigen wenigen Zeichen gleichzeitig. Und auch für die Zeit danach gilt: Zeigen Sie Ihrem Baby nicht zu viele Zeichen auf einmal. Im Zusammenspiel mit Ihrem Kind werden Sie schon nach kurzer Zeit ein Gespür dafür entwickelt haben, wann Ihr Kind so weit ist, dass es sein Repertoire an Zeichen erweitern möchte.

Da Babys sehr wissbegierig sind, wird dieser Zeitpunkt wahrscheinlich nicht lange auf sich warten lassen. Im Gegenteil: Ihr Kind wird mit gespannter Neugier auf jedes neue Zeichen reagieren, Sie mit großen Augen beobachten und regelrecht auf den Einsatz Ihrer Hände warten. Später bringt es Ihnen wahrscheinlich sogar ein Spielzeug oder ein Buch und wartet dann voller Neugier darauf, dass Ihre Hände zu »sprechen« beginnen. Dieses Verhalten zeigt Ihnen dann deutlich, dass Ihr Kind nicht nur großen Spaß an dieser Art der Mitteilung hat, sondern bereits erkannt hat, wie wichtig ihm die Zeichen und damit die Kommunikationsmöglichkeiten mit Ihnen sind.

### Welche Zeichen sind für den Einstieg geeignet?

Wie der Name schon sagt, sind die Anfängerzeichen (ab Seite 58) ideal, um Ihrem Kind die Babyzeichen vorzustellen. Denn sie bezeichnen das, was Ihr Baby tagtäglich mehrere Male erlebt und

**GU-ERFOLGSTIPP    BABYS LIEBLINGSZEICHEN FINDEN**

So einfach finden Sie heraus, was Ihr Kind interessiert: Beobachten Sie Ihr Baby beim täglichen Pflegeritual, beim Spielen, Kuscheln oder Spazieren gehen. Sie werden ganz schnell herausfinden, wofür sich Ihr Kind am meisten interessiert – und worüber es sich mit Ihnen austauschen möchte. Das kann ein Lieblingsspielzeug, ein Tier, ein lustiges Spiel oder eine geliebte Handlung (wie zum Beispiel das Baden) sein – zeigen Sie ihm dafür einfach das entsprechende Babyzeichen. Sie werden sehen: Ihr Baby wird Ihnen dieses Zeichen schon bald mit großer Begeisterung von sich aus zeigen.

---

## WICHTIG: MACH'S NOCHMAL, MAMA!

Kinder lieben Wiederholungen und fordern sie regelrecht ein. Wissenschaftliche Untersuchungen zeigen, dass es dafür einen Grund gibt: Kinder brauchen das Wiederholen, um aus ihrer passiven in eine aktive Rolle schlüpfen zu können. Denn nach mehrmaligem Vorlesen weiß Ihr Kind beispielsweise schon ganz genau, welches Tier auf der nächsten Seite seines Lieblingsbuches erscheinen wird. Und das zeigt es Ihnen begeistert mit dem entsprechenden Babyzeichen, was das eigentlich bekannte Buch noch viel interessanter macht! Das gilt natürlich auch für Lieder, Fingerspiele und täglich wiederkehrende Rituale.

---

woran es sehr interessiert ist: essen, trinken und alle-alle. Und natürlich ist es auch für Sie eine große Hilfe, wenn Ihr Kind Ihnen gezielt mitteilen kann, dass es hungrig oder durstig ist.

Wer möchte, kann aber auch mit einem anderen Zeichen (siehe »Babyzeichen für flotte Könner« ab Seite 70) beginnen. In diesem Fall sollten Sie bei der Auswahl darauf achten, dass das neue Zeichen Ihr Kind brennend interessiert. Denn wenn Ihr Baby von Dingen und Handlungen gefesselt ist, haben diese seine ganze Aufmerksamkeit. Und genau das ist die beste Voraussetzung für Groß und auch für Klein, um etwas zu lernen.

### Babyzeichen + Spaß = Lernerfolg

Mit den Babyzeichen machen gemeinsame Spiele noch mehr Spaß: Durch die Bewegungen der Hände wird jedes Spiel interessanter, ein Kinderlied zum Genuss für Augen und Ohren, das Vorlesen eines Buches zum spannenden Abenteuer. Und das wiederum regt nicht nur die Fantasie Ihres Kindes an, sondern auch sein Erinnerungsvermögen. Denn das kindliche Gedächtnis funktioniert am besten, wenn Sätze wiederholt (siehe auch Info oben) und die Wörter durch Handlungen begleitet werden.

Hilfreich ist es auch, dabei etwas zu übertreiben. Denn Spannung oder gemeinsames Lachen erhöhen die Wahrscheinlichkeit, dass

**KARTENSPIELE FÜR DIE KLEINSTEN**

Nutzen Sie für Ihre Spiele unbedingt die Bildkärtchen, die dem Buch anhängen und auf denen Sie zehn bei Kindern beliebte Zeichen finden. Spiele und Anregungen, wie Sie diese Kärtchen einsetzen können, finden Sie ab Seite 114.

TIPP: **Keine Spur von Langeweile**
Keine Sorge, Ihr Baby wird nichts vermissen, wenn Sie am Anfang nur mit einem oder mit zwei Babyzeichen arbeiten. Im Gegenteil, es wird es lieben, die wenigen Zeichen zu wiederholen und so oft wie möglich einzusetzen. So fühlen sich die Zeichen schnell vertraut an, und Sie und Ihr Baby können zu einem eingespielten Team werden. Und dann ist natürlich Zeit für neue Zeichen, deren Anzahl Sie im Laufe der Zeit nach und nach steigern werden.

sich Ihr Kind am nächsten Tag noch daran erinnert, was Sie ihm erzählt und gezeigt haben. So macht das Lernen der Babyzeichen doppelt Spaß, und Ihr Baby wird motiviert, selbst aktiv zu werden: Völlig fasziniert lauscht es Ihren Worten und wartet hoch konzentriert auf den Einsatz Ihrer Hände, bis es schließlich seine Händchen beim entsprechenden Stichwort selbst gebrauchen kann. Das heißt für Sie: Verbinden Sie wann immer möglich Reime, Lieder und Geschichten mit den Babyzeichen. Denn Ihr Kind wird so schneller lernen, und gemeinsam werden Sie jede Menge Spaß haben.

### Spiele zum Lachen und Staunen

Im Spiel macht Ihr Kind Erfahrungen, die für seine soziale, geistige und sprachliche Entwicklung sehr wichtig sind. Da alle Babys mit einer gehörigen Portion Neugier ausgestattet sind, kann nahezu alles zum Spiel und Spielzeug werden. Beispielsweise spielt Ihr Baby mit seinen eigenen Fingerchen oder beobachtet völlig selbstvergessen eine Fliege am Fenster. Auch das ist Spiel für Ihr Kind. Es beschäftigt sich mit sich selbst – eine wichtige Erfahrung, um seine Welt auch mal ganz alleine zu entdecken.

Darüber hinaus braucht es Anregungen von außen – und Ihre Nähe. Ob bei zärtlichen Kuschel- und Bewegungsspielen, bei lustigen Wort- und Fingerspielen, bei aufregenden Versteck- und Ballspielen oder beim Herumalbern: Ihr Baby wird mit Feuereifer aktiv werden und die neuen Spielideen, die Sie bei den einzelnen Zeichen finden, heiß und innig lieben. Einige Spiele enthalten zusätzliche Zeichen, die Sie vorher vielleicht noch nicht eingeführt haben. Doch keine Sorge, Sie können nachschlagen, wie diese gezeigt werden, und sie dann einfach ins Spiel einbauen.

Doch die Vorstellung der einzelnen Zeichen (ab Seite 56) bietet noch mehr: Dort finden Sie vorweg außerdem viele nützliche Tipps und Anregungen, die die Einführung und den alltäglichen Umgang mit den Babyzeichen erleichtern.

# Zeichen erlernen und festigen

Im Laufe unserer Arbeit mit den Babyzeichen und in der alltäglichen Praxis zu Hause hat sich ein Muster herausgebildet, das für Sie eine Art Leitfaden darstellen kann, da es Schritt für Schritt zeigt, wie Sie Zeichen am besten einführen:

1 Führen Sie ein neues Zeichen nur dann ein, wenn Ihr Kind gut gelaunt und offen für Neues ist. Ein müdes oder genervtes Baby wird dagegen den Kopf wegdrehen und kann weder das Zeichen noch das Schlüsselwort verinnerlichen.

2 Wählen Sie aus den Zeichen (ab Seite 58) eines aus. Das kann entweder ein Anfängerzeichen sein oder ein Thema haben, das Ihr Kind im Moment besonders interessiert (wie zum Beispiel »Ball« oder »Hund«).

3 Benutzen Sie das Zeichen in einer entsprechenden Situation, etwa indem Sie gemeinsam ein Bilderbuch ansehen, in dem ein Ball oder ein Hund vorkommt, oder indem Sie mit dem Gegenstand, zum Beispiel einem Ball, spielen.

4 Zeigen Sie Ihrem Kind das Babyzeichen und achten Sie darauf, dass es die gezeigte Geste dabei gut sehen kann.

5 Parallel sprechen Sie einen Satz aus, in dem Sie das neue Zeichen verwenden, wie zum Beispiel »Jetzt rollt der BALL zu dir« oder »Schau, der HUND bellt!«. Unterstützen Sie das Schlüsselwort des Satzes mit dem entsprechenden Babyzeichen, das Sie Ihrem Kind parallel dazu zeigen.

6 Wiederholen Sie das Zeichen über den Tag verteilt auch in anderen Situationen immer wieder. Stellen Sie dabei aber immer einen Zusammenhang mit dem entsprechenden Objekt oder der passenden Handlung her, indem Sie Ihrem Kind etwas über einen Ball beziehungsweise Hund erzählen, ein Fingerspiel machen, in dem Hund oder Ball vorkommen, oder Ähnliches.

# BABYS SETZEN ZEICHEN

Jetzt geht's für Sie und Ihr Baby los: Nach den Babyzeichen für Anfänger werden Sie von den Zeichen für
Fortgeschrittene gar nicht genug bekommen können!

# Babyzeichen für
## kleine Anfänger

**Ihr Baby streckt die Händchen aus,** wenn es etwas haben möchte und macht »winke, winke«? Dann möchte es Ihnen damit sagen, dass es für die Kommunikation mit Ihnen bereit ist. Die passende Form ist in diesem Fall die Babyzeichensprache – schließlich kann es Händchen und Finger schon recht gut koordinieren und daher zum »Sprechen« benutzen. Und auch sein Sprachverständnis ist nun so weit fortgeschritten, dass es die richtige Geste zur passenden Situation zeigen kann.

# Babys erste Zeichen

Die ersten Babyzeichen, die wir Ihnen für den Einstieg in die Babyzeichensprache vorschlagen möchten, beziehen sich auf wichtige und spannende Erlebnisse und Aktivitäten aus dem täglichen Miteinander. Die nachfolgenden Handzeichen für »essen«, »trinken« und »alle-alle« sind für kleine Anfänger besonders gut geeignet, da sie das wiederkehrende Ritual gemeinsamer Mahlzeiten zum Thema haben und daher oft und regelmäßig gezeigt werden können. Dadurch bekommen auch Sie als Eltern reichlich Gelegenheit zum Üben. Denn wir Erwachsene müssen uns ebenfalls erst einmal an das Sprechen mit den Händen gewöhnen. Sobald Ihnen die Zeichen in Fleisch und Blut übergegangen sind, spürt Ihr Kind das und lernt, dass die Gesten nicht etwa konstruiert, sondern selbstverständlich und absolut natürlich sind.

## Aller Anfang ist schwer

Und noch etwas ist gerade in der Anfangszeit entscheidend: Erwarten Sie von Ihrem Baby keine perfekt ausgeführten Zeichen, denn das schaffen die wenigsten Kinder auf Anhieb. Beobachten Sie Ihr Kind, vielleicht macht es ja schon das eine oder andere Zeichen, ohne dass Sie es tatsächlich wahrnehmen? Denn häufig braucht es schon eine sehr gute Beobachtungsgabe, um die kindlichen Zeichen als solche zu erkennen, wie das folgende Beispiel aus den »Babyzeichen-Zauberhand-Kursen« zeigt:
Die Mama des elf Monate alten Lennard war traurig, dass ihr Sohn nach einigen Wochen Babyzeichenkurs offenbar immer noch keine Zeichen zeigte, obwohl sie zu Hause die Babyzeichen bei jeder Gelegenheit anwendete. Daraufhin beobachteten die beiden Kursleiterinnen das Kind und machten die Mutter darauf aufmerksam, dass Lennard sogar schon die drei Zeichen für »essen«, »Licht« und »Ball« machte! Lennards Mutter brauchte offenbar eine kleine Hilfestellung, um die Zeichen als solche zu erkennen. Das heißt für Sie: Beobachten Sie Ihr Kind aufmerksam, denn die ersten Zeichen Ihres Kindes gelingen selten perfekt. Wichtig ist, dass Sie die Zeichen auch weiterhin richtig ausführen und nicht die Version Ihres Babys nachahmen.

**WICHTIG**
Es ist ein wunderbares Gefühl, wenn Ihr Baby das erste Mal mit seinen Händen mit Ihnen »spricht«. Lassen Sie sich diese Freude durch irritierte Blicke Ihrer Mitmenschen nicht nehmen. Die meisten Außenstehenden sind durchaus interessiert an dem, was da zwischen Eltern und Baby vor sich geht.

1

## Das Babyzeichen für »essen«

Viele Eltern empfinden es als riesengroße Last, nicht zu verstehen, was ihr Baby gerade möchte. Dabei ist es oftmals einfach Hunger, der die Kleinen zu echten Quengelgeistern macht. Doch damit ist mithilfe dieses Babyzeichens nun endlich Schluss!

> › Legen Sie die Fingerspitzen von Zeigefinger und Daumen einer Hand aneinander.

1 › Führen Sie die Fingerspitzen so zum Mund, als ob Sie sich etwas Kleines zwischen die Lippen legen wollten.

> › Begleiten Sie das Zeichen dabei mit einem Satz, in dem das Schlüsselwort »essen« vorkommt, wie etwa: »Möchtest du etwas **essen**?«

## Das möchte Ihr Baby sagen

Gerade kleine Leckermäuler werden dieses Zeichen schnell beherrschen und ganz sicher oft anwenden, um Ihnen zu sagen:

> › Ich habe Hunger und möchte etwas essen!
> › Ich sehe etwas Essbares und möchte es gern haben!

## Kinder brauchen Rituale ...

Ob noch ganz klein oder schon größer – für Kinder ist es wichtig, dass bestimmte Vorgänge regelmäßig und nach einem wiedererkennbaren Schema verlaufen und so zu Ritualen mit Bedeutung werden. Das gibt den Kleinen Sicherheit in einer Welt, in der sie täglich Neues erleben. Babys spüren beispielsweise, dass sie durch bestimmte Rituale aufgefordert werden, aktiv zu sein oder zur Ruhe zu kommen. Das Gutenachtlied vor dem Zubettgehen, ein kleines Tischgebet vor dem Essen oder die tägliche Bilderbuchgeschichte – all diese kleinen Handlungen werden für Ihr Kind im Laufe der Zeit zu lieb gewonnenen Gewohnheiten, auf die es nicht verzichten möchte. Aber auch für Eltern hat das stetig Wiederkehrende seine Vorteile: Sie schaffen damit die Rahmenbedingungen und Strukturen für ein harmonisches Zusammenleben von Groß und Klein. In solche Rituale passen Babyzeichen besonders gut, da sie ganz selbstverständlich einfließen und oft gezeigt werden können.

**WICHTIG**
Damit Ihr Baby die Möglichkeit hat, Ihnen zu »antworten« und das Zeichen zu zeigen, sollten Sie immer wieder kleine Pausen lassen und ihm so Zeit geben, dass es seine Händchen sprechen lassen kann.

## ... und Rituale sind ideal für Babyzeichen

Sie wissen selbst am besten, wie viel Zeit Sie als Eltern damit zubringen, Babynahrung zuzubereiten und anschließend die Kleinen zu füttern. Nutzen Sie diese Gelegenheiten, um die entsprechenden Babyzeichen anzuwenden. Sagen Sie Ihrem Kind beispielsweise »Mama macht jetzt dein Essen fertig« und zeigen Sie das Babyzeichen dazu. Wiederholen Sie das Schlüsselwort immer dann, wenn es passt (»Jetzt ist dein Essen fertig« oder »Möchtest du noch mehr essen?«), und wenden Sie regelmäßig das entsprechende Babyzeichen dazu an.

**1**

## Das Babyzeichen für »trinken«

Dauernuckeln beziehungsweise -trinken ist weder sinnvoll noch gesund. Deshalb ist es umso wichtiger, zu wissen, wann das Baby nun tatsächlich Durst hat, um ihm dann die Flasche oder den Trinkbecher in die Hand zu geben. Mithilfe dieses Zeichens sollte alles klar sein!

> Halten Sie Ihre rechte oder linke Hand so, als ob Sie einen Becher oder eine Flasche halten würden.

**1** > Führen Sie den imaginären Becher beziehungsweise die Flasche nun mit einer Trinkbewegung zum Mund.

> Begleiten Sie das Zeichen dabei mit einem Satz, in dem das Schlüsselwort »trinken« vorkommt, wie etwa: »Möchtest du etwas **trinken**?«

## Das möchte Ihr Baby sagen

Neben dem Zeichen für »essen« wird Ihr Kind dieses Zeichen wohl am häufigsten zeigen, da es Ihnen damit sagen möchte:

> › Ich habe Durst und möchte etwas trinken.

> › Ich sehe etwas zum Trinken oder eine Flasche und möchte es gern trinken beziehungsweise daraus trinken.

## Am Tisch mit der ganzen Familie

Wenn Sie Ihrem Baby das Fläschchen zubereiten oder ihm ein Getränk in eine Flasche oder einen Becher einschenken, sollten Sie Ihre Tätigkeit mit den Worten »Schau, gleich gibt's etwas zu **trinken**!« kommentieren. Natürlich können Sie Ihrem Kind auch Fragen stellen wie zum Beispiel »Möchtest du etwas zu **trinken**?« oder »Möchtest du aus deiner Flasche Milch **trinken**?«.

## Dankspruch

Ein kurzer Dankspruch vor dem Essen ist nicht nur ein schönes Ritual, sondern eine weitere gute Gelegenheit, Ihrem Kind die Babyzeichen für »essen« und »trinken« zu zeigen:

> › Der Tisch ist gedeckt.
> Kommt, lasst uns **essen**
> und **trinken**. (Zeichen für »essen« und »trinken«)
> Ich danke
> der Erde, der Sonne, dem Wind
> und allen Händen,
> die fleißig sind. (in die Hände klatschen)
> Der Tisch ist gedeckt.
> Kommt, lasst uns **essen**
> und **trinken**. (Zeichen für »essen« und »trinken«)
>
> (Nach Viktoria Ruika-Franz)

**WICHTIG**
**Achten Sie darauf, dass Sie ein Schlüsselwort auch immer nur für ein Zeichen verwenden – sonst kann es sein, dass Ihr Baby verwirrt reagiert!**

# Mittendrin und mit dabei

Mithilfe der folgenden Erfahrungsberichte haben Sie die Möglichkeit, am Alltag in den Babyzeichen-Zauberhand-Kursen teilzuhaben. Denn hier erzählen Eltern, was sie mit ihren Kindern im Zusammenhang mit den Babyzeichen an Erstaunlichem, an Kuriosem und Lustigem erlebt haben.

### Felix zeigt, was er braucht

Als allabendliches Zubettgeh-Ritual schauen wir uns das Bilderbuch von der Ente an. Nach einem sehr hektischen Tag dachte ich, dass mein 12 Monate alter Sohn Felix zu müde für die Einschlafgeschichte sei. Als ich beim Verlassen des Kinderzimmers noch einen letzten Blick auf meinen Sohn warf, sah ich Tränen über seine Wangen kullern. Außerdem machte er mit seinen Händchen das Babyzeichen für Ente, indem er die Finger öffnete und schloss. Völlig überrascht begriff ich, dass Felix trotz seiner Müdigkeit nicht auf sein geliebtes Leseritual verzichten wollte. Zusammen lasen wir dann doch noch das Buch von der Ente, woraufhin Felix völlig erschöpft, aber zufrieden einschlief.

### Simon will Schokolade!

Der zehn Monate alte Simon wachte mitten in der Nacht weinend auf. Seine Mama versuchte ihn zu trösten und benutzte dabei Babyzeichen: »Willst du deine Milch haben?« Simon antwortete, indem er mit ausgestrecktem Zeigefinger seine Wange berührte. Dieses Zeichen hatte er erst kürzlich gelernt, und es bedeutet Schokolade! Es dauerte einen Moment, bis Simons Mutter ihren aufgeregten Sohn verstand. Völlig überrascht und lachend fragte sie ihn daraufhin: »Was, du willst Schokolade haben, mitten in der Nacht?«

### Philip sieht ein Pferd

Der 13 Monate alte Philip machte mit seiner Mama und großen Schwester einen Ausflug mit dem Auto. Nach einer Weile mussten sie anhalten, da sich der Verkehr staute. Plötzlich wurde Philip ganz munter und zeigte mit seinem Händchen die typischen Bewegungen eines galoppierenden Pferdes. Sowohl die Mutter als auch die große Schwester waren ratlos, da weit und breit kein Pferd in Sicht war. »Wo hast du denn ein Pferd gesehen?«, fragten beide und blickten sich suchend um. »Da ist es!«, rief Philips Schwester und zeigte auf einen winzig kleinen Aufkleber am Fenster des Nachbarautos.

# Reime & Spiele rund ums Essen

Gemeinsam mit der ganzen Familie zu essen, ist etwas Tolles für kleine Kinder. Denn endlich finden alle die Zeit, zusammenzusitzen und sich in Ruhe auszutauschen. Ganz klar, dass da die Kleinsten am Tisch auch »mitreden« möchten. Wie wäre es deshalb mit einem Spruch zu Beginn des Essens, damit die Kommunikation per Hand so richtig in Fahrt kommt? Hier einige Tischsprüche, die nicht nur lustig sind, sondern auch noch verschiedene Babyzeichen zulassen:

> Tiger, Löwe, Katze, (Zeichen für »Katze«)
> reicht euch mal die Tatze.
> Jeder isst so viel er kann, (Zeichen für »essen«)
> nur nicht seinen Nebenmann.
> Auch nicht seine Nebenfrau,
> dafür sind wir viel zu schlau.

> Piep, piep, Mäuschen,
> bleib in deinem Häuschen, (Zeichen für »Haus«)
> stiehlst du mir mein Butterbrot,
> kommt die Katz und beißt dich tot. (Zeichen für »Katze«)

> Piep, piep, Mäuschen,
> bleib in deinem Häuschen. (Zeichen für »Haus«)
> Wir essen unsern Teller leer, (Zeichen für »essen«)
> da bleibt für dich kein Krümel mehr.

> Piep, piep, piep,
> wir haben dich alle lieb,
> und guten Appetit.

> Jedes Tierlein hat sein Essen, (Zeichen für »essen«)
> jedes Blümlein trinkt von dir, (Zeichen für »trinken«)
> hast auch uns hier nicht vergessen,
> lieber Gott, wir danken dir.

**TIPP**

Auch wenn Sie sich mit Ihrem Partner, größeren Geschwistern oder Großeltern während der gemeinsamen Mahlzeit unterhalten und es ums Essen und Trinken geht, sollten Sie die Babyzeichen anwenden. Denn Ihr Baby wird Sie beobachten und registrieren, dass die Zeichen auch im Kreis der Restfamilie akzeptiert und angewandt werden.

## Das Babyzeichen für »alle-alle«

Dieses Zeichen macht den meisten Babys riesigen Spaß, denn es ist recht einfach nachzumachen und wird von den Eltern leicht erkannt. Hinzu kommt, dass die Kleinen oft sehr stolz sind, wenn ihr Teller leer, also »alle-alle« ist. Es ist für Sie als Eltern aber auch eine große Hilfe, wenn Ihr Kind Ihnen damit mitteilt, dass es etwas nicht findet.

**1** › Heben Sie Ihre rechte oder linke Hand so vor Ihren Körper, dass die Handfläche nach unten zeigt.

**2** › Nun beschreiben Sie damit schwungvoll eine diagonale Linie vor dem Körper.

> Begleiten Sie das Zeichen dabei mit einem Satz, in dem eines der Schlüsselwörter »alle-alle«, »Schluss« oder »leer« vorkommt: »Dein Tee ist ja **alle-alle**«, »Dein Schüsselchen ist jetzt aber **leer**«, »Jetzt ist **Schluss** mit dem Planschen«.

## Das möchte Ihr Baby sagen

Dieses Zeichen lässt sich auf weit mehr Situationen anwenden, als man zu Beginn vermuten möchte. So kann Ihr Kind Ihnen damit Folgendes mitteilen:

> Ich habe alles aufgegessen oder ausgetrunken.

> Ich finde oder sehe etwas nicht.

> Ich mag nicht mehr weiterspielen!

## Alles hat ein Ende ...

Auch die leckerste Nascherei oder das schönste Spiel gehen einmal zu Ende. Benutzen Sie diese Geste daher, wenn Sie Ihrem Kind zeigen möchten, dass jetzt »Schluss« ist. Das Babyzeichen können Sie außerdem Ihrem Kind vormachen, wenn etwas nicht (mehr) vorhanden ist.

## ... auch die schönste Plantscherei!

Spritzige Wasserspiele können im Minipool draußen, aber auch in der Badewanne stattfinden. Dabei hat Ihr Kind nicht nur riesigen Spaß, sondern lernt ganz nebenbei noch die Babyzeichen für »Wasser« und »alle-alle«. Als »Ausrüstung« brauchen Sie neben einer kleinen Gießkanne nur verschiedene Becher und einen Trichter. Zeigen Sie Ihrem Kind, wie es mit dem Becher Wasser schöpfen und wieder ausgießen kann. Sagen Sie »Jetzt ist der Becher leer« und zeigen Sie das Babyzeichen für »alle-alle«. Danach wird die Gießkanne befüllt und wieder ausgegossen. Beim Spiel mit dem Trichter wird Ihr Kind große Augen machen, da das Wasser oben hinein- und unten sofort wieder herausläuft. Das ist wahrscheinlich ein Wasserspiel, das Ihr Kind in Entzücken versetzt und mit dem es sich deshalb eine ganze Weile hoch konzentriert beschäftigen wird.

**TIPP**

Die Zeichen können am Anfang sehr undeutlich gezeigt werden. Deshalb ist es hilfreich, zu beobachten, ob es die eine oder andere Geste gibt, die Ihr Kind in wiederkehrenden Situationen wiederholt benutzt. Dann können Sie vielleicht mithilfe der Situation auf die Geste und deren Inhalt Rückschlüsse ziehen.

# Was Eltern in den Babyzeichen-Kursen bewegt

In den Kursen besteht für die Eltern natürlich immer die Möglichkeit, sich mit uns und den anderen Kursteilnehmern auszutauschen: Was klappt gut, was funktioniert überhaupt nicht mit dem eigenen Kind? Wie reagieren die anderen Kinder auf neue Zeichen? Und könnte es vielleicht sein, dass das eigene Kind bereits eigene Zeichen kreiert hat? Damit auch Sie eine Art Forum haben, in dem Sie andere Kinder »beobachten« können, haben wir für Sie diese Seiten vorbereitet.

### Alles zu seiner Zeit

Unser Sohn Simon war ganz begeistert von den lustigen Liedern, Finger- und Bewegungsspielen, die wir im Babyzeichenkurs machten. Bereits mit acht Monaten zeigte er uns durch das Babyzeichen, dass er etwas essen wollte: Die ganze Familie war begeistert! Deshalb dachten wir, dass es jetzt mit dem Zeigen der Gesten so richtig losgehen würde. Doch es geschah nichts mehr! Vielmehr begann Simon das Laufen zu entdecken. Trotzdem gaben wir nicht auf und zeigten die Zeichen weiterhin. Ungefähr sechs Wochen später wurden wir reichlich belohnt. Nun gab es kein Halten mehr, und Simons Hände sprudelten vor Worten über ...

### Felicitas möchte mehr singen

Einmal in der Woche spielen und singen meine 14 Monate alte Tochter Felicitas und ich voller Eifer in der Babyzeichengruppe. Am Ende der sechsten Stunde flogen nach dem bekannten Lied »Alle meine Entchen« Felicitas' Hände begeistert nach oben. Ich verstand sofort, dass dies das Zeichen für »mehr« ist, vergewisserte mich aber nochmals mit der Frage »Du willst das Lied noch mal singen?« und machte das Babyzeichen dazu. Da es Felicitas' erstes Babyzeichen war und sie es noch mindestens fünfmal zeigte, verlief die Stunde etwas anders als gewöhnlich. Beide Kursleiterinnen wollten meine Tochter belohnen und ihr zeigen, dass sie ihr Babyzeichen verstanden hatten. Deshalb sangen wir noch unzählige Male das Lied von den Entchen.

### Joris erfindet ein eigenes Zeichen

Mein 13 Monate alter Sohn Joris spielt gern mit seinem Kätzchen, weshalb ich ihm auch schon früh das Babyzeichen dafür zeigte. Als ich schon Zweifel hegte, ob er überhaupt die Babyzeichen nutzen würde, beobachtete ich ihn dabei, wie er ein eigenes Zeichen für Katze erfand: Joris machte eine Bewegung, als ob er sein Kätzchen von Kopf bis Schwanz streicheln würde. Wir waren völlig begeistert und benutzen seither sein selbst erfundenes und einleuchtendes Babyzeichen für Katze.

**Lennard kann zeigen, was er will**
Der kleine Lennard (15 Monate) ist ein sehr lebhafter Junge, der seine Wünsche oft tränenreich zum Ausdruck brachte, da er seinen Eltern einfach nicht mitteilen konnte, was er wirklich wollte. Doch seit Lennard die Babyzeichen beherrscht, hat sich die Gesamtsituation und damit auch Lennards Zufriedenheit komplett geändert. Seine Mutter empfindet den gemeinsamen Babyalltag inzwischen als sehr viel entspannter. Denn sie kann ihren Sohn nun gezielt fragen, ob er beispielsweise seine Milch möchte oder einfach nur müde ist und ins Bett will. Lennard macht dann das entsprechende Babyzeichen, und seine Mutter weiß, was er im Moment wirklich braucht. Seither gibt es viel weniger Situationen, in denen Lennard seine Stimme erhebt und mit Gebrüll und Tränen reagiert.

# Babyzeichen für flotte Könner

**Schon bald werden Sie bemerken,** dass Sie und Ihr Kind im Umgang mit den Anfängerbabyzeichen ein eingespieltes Team geworden sind: Problemlos und wie selbstverständlich verknüpfen Sie als Erwachsene Worte und Gesten miteinander, und auch Ihr Baby nutzt die Zeichen mehr und mehr. Das ist der Zeitpunkt, um neue Babyzeichen einzuführen. Neben den Gesten für geliebtes Spielzeug und Haustiere werden von nun an auch die beiden Fragezeichen »Was?« und »Wo?« zu Babys Repertoire gehören.

## Zeigen, was wichtig ist

Natürlich sind es vor allem die neuen Zeichen, die Sie und Ihr Baby nun interessieren. Doch Sie können die Babyzeichen auch noch in eine ganz andere Richtung erweitern: Haben Sie schon einmal darüber nachgedacht, weitere Personen wie etwa Geschwisterkinder, Oma oder Opa ebenfalls in den Babyzeichenzirkel aufzunehmen und dafür zu begeistern? Ganz besonders viel Spaß wird es Ihrem Kind bereiten, wenn Sie sich für diese Personen ganz eigene, charakteristische Zeichen ausdenken: Hat zum Beispiel das Geschwisterkind häufig Zöpfe, so überlegen Sie sich selbst ein Zeichen für Zöpfe und zeigen Sie es Ihrem Kind. Oder Sie greifen die Brille der Oma auf und kreieren dazu ein Zeichen. Die Möglichkeiten sind hier schier unendlich ...

Vielleicht ist Ihr Kind selbst so kreativ und zeigt Ihnen ein von ihm erfundenes Zeichen für eine wichtige Person, ein Haustier oder sein geliebtes Spielzeug, wie das im Erfahrungsbericht auf Seite 66 beschrieben wird. Sie werden sehen, dass fortgeschrittene Babyzeichenkönner damit kein Problem haben – nur Sie müssen die Eigenkreation auch als solche erkennen! Und da heißt es für Sie: Bitte immer genau hinsehen!

### Auf zum nächsten Zeichen!

Und es wird nicht lange dauern, dann kann Ihnen Ihr Kind den Großteil der Babyzeichen zeigen. Spätestens dann sollten Sie Tagesmutter, Erzieherin in der Tagesstätte oder Babysitter informieren, dass Ihr Baby die Zeichensprache beherrscht. Ein kleiner Crashkurs für die Erwachsenen ist dann durchaus sinnvoll, denn Ihr Kind möchte ja auch dort verstanden werden.

Und keine Sorge: Auch wenn Ihr Baby tagsüber in einem babyzeichenfreien Raum aufwächst, reicht die gemeinsame Zeit am Abend, am Wochenende und im Urlaub noch aus, um mit ihm neue Zeichen einzuüben und das Erlernte zu festigen.

Wer all das geschafft hat und in die Riege der Babyzeichenkönner aufsteigen möchte, kann nun beginnen, zwei Gesten in einen Satz einzubauen. Beispiele, wie das aussehen kann, finden Sie bei den entsprechenden Babyzeichen.

**WICHTIG**
Auch wenn Sie den Eindruck haben, dass sich Tagesmutter, Kindergartenerzieherin & Co. nicht sonderlich für die Babyzeichen interessieren, ist das kein Grund, die Babyzeichen anzuzweifeln. Am besten überlassen Sie es Ihrem Kind, seine Umwelt davon zu überzeugen, wie angenehm es ist, mit den Gesten zu arbeiten.

1

# Das Babyzeichen für »Auto«

Ob Bobbycar oder Spielzeugauto, die Autos in Bilderbüchern oder die Familienkutsche: Das Auto gehört heute zu jedem Kleinkindleben, egal ob Junge oder Mädchen. Da das Spielen, das meist mit einem lauten »Brrrrrm« begleitet wird, riesigen Spaß macht, steigen wir in die Fortgeschrittenen-Babyzeichen mit eben diesem Zeichen ein.

1 › Formen Sie beide Hände zu Fäusten und halten Sie die Fäuste so vor dem Oberkörper, als wollten Sie ein Lenkrad festhalten.

› Bewegen Sie Ihr imaginäres Lenkrad nun nach links und rechts, gerade so, als wollten Sie ein Auto lenken.

› Begleiten Sie das Zeichen dabei mit einem Satz, in dem das Schlüsselwort »Auto« vorkommt: »Schau, da ist das **Auto**!« oder »Komm, wir fahren jetzt mit dem **Auto**«.

## Das möchte Ihr Baby sagen

Mit dem Zeichen für »Auto« ist es ein bisschen so wie mit dem für »Hund«, das stellvertretend für alles mit vier Beinen steht: Darunter fallen auch Traktoren, Lastwagen oder Busse, eben alles, was Räder hat und fährt. Die Unterscheidung kommt – übrigens auch mit eigenen Babyzeichen – erst später. Mit dem Babyzeichen möchte Ihr Kind sagen:

> › Ich sehe ein (wirkliches) Auto/Spielzeugauto/Bild eines Autos.
>
> › Ich suche mein Spielzeugauto.
>
> › Ich möchte gern im Auto/mit meinem Bobbycar fahren.

## Reime & Spiele rund ums Auto

Singen finden alle Kinder toll. Wenn Sie dann noch das neu gelernte Babyzeichen für »Auto« anwenden, wird's gleich nochmal besser! Der nachfolgende Text passt zur Melodie »Kommt ein Vogel geflogen«.

> › Kommt ein **Auto** angefahren, (Zeichen für »Auto«)
> erst ganz langsam, dann ganz schnell,
> fährt mit hundert um die Ecke,
> seine Räder quietschen hell.
> Liebes **Auto**, fahr doch langsam, (Zeichen für »Auto«)
> nimm dir doch ein wenig Zeit,
> genieß die schöne Landschaft,
> bis nach **Hause** ist's nicht weit. (Zeichen für »Haus«)

Sie treffen sich mit mehreren Müttern und Kindern, die ebenfalls Babyzeichenfans sind? Dann sollten Sie sich in einen Kreis setzen und unbedingt folgende Verse mit Händen lebendig werden lassen:

> › Hoch am Himmel, (Arme nach oben ausstrecken)
> tief auf der Erde, (mit beiden Händen den Boden berühren)
> überall ist Sonnenschein. (beide Arme seitlich ausstrecken)
> Wenn ich nicht der Jonas wäre, (Name eines Kindes einsetzen)
> möcht ich gern ein **Auto/Hund/Ente/Vögelchen** etc. sein.
> Brumm, brumm, brumm, brumm, (Zeichen für »Auto«)/
> Wau, wau, wau, wau, wau (Zeichen für »Hund«)/
> Quak, quak, quak, quak, quak (Zeichen für »Ente«)/
> Piep, piep, piep, piep, piep (Zeichen für »Vogel«) etc.

**WICHTIG**
Bei Liedern wie dem links gezeigten kommt es nicht darauf an, dass die Tonlage exakt stimmt oder das Lied perfekt klingt – das interessiert Ihr Baby nicht. Das Lied wird Ihrem Kind jedoch doppelten Spaß machen, wenn Sie beim Singen ein wenig übertreiben. Und natürlich dürfen die passenden Bewegungen und Babyzeichen nicht fehlen.

# Das Babyzeichen für »Ball«

Es gibt sie in groß oder klein, durchsichtig oder mit bunten Aufklebern, ganz weich oder hart – Bälle gehören zu den beliebtesten Spielzeugen überhaupt. Doch sie faszinieren nicht nur durch ihre unterschiedliche Größe und Beschaffenheit. Sie kullern über den Boden, fliegen durch die Luft – und bringen Ihr Kind dazu, krabbelnd oder auf Beinen hinter ihnen herzulaufen – ein Spiel, von dem Kinder nicht genug kriegen können. Allein schon deshalb ist das Babyzeichen ein absolutes Muss.

> Legen Sie die Hände in Schulterhöhe zusammen.

**1** > Führen Sie die Hände nun in einem Kreis nach unten und dort wieder zusammen, gerade so, als wollten Sie mit den Händen einen Ball formen.

> Begleiten Sie das Zeichen dabei mit einem Satz, in dem das Schlüsselwort »Ball« vorkommt, wie etwa: »Schau, da ist dein Ball!« oder »Komm, wir spielen mit dem Ball«.

### Das möchte Ihr Baby sagen

Seifenblasen, Luftballons, Christbaumkugeln – nicht alles, was rund ist, muss ein Ball sein. Doch dieser kleine Unterschied wird Ihr Baby zu Beginn kaum stören, für sie oder ihn fällt das alles unter den Oberbegriff »Ball«, schließlich rollt es. Wenn Ihr Kind das Zeichen für »Ball« macht, möchte es Ihnen damit sagen:

**TIPP**

Wenn Ihr Kind gern mit Bällen spielt, dann ist ein sogenannter Over-Ball genau das Richtige. Diese weichen, griffigen Bälle lassen sich mit einem Trinkhalm genau so fest aufblasen, dass Ihr Kind den Ball noch gut greifen kann. Da sie sehr leicht sind, ist Spaß ohne Verletzungsgefahr angesagt.

> Ich sehe einen Ball im Zimmer/draußen/im Bilderbuch.

> Ich suche meinen Ball.

> Ich möchte mit dem Ball spielen!

> Ich möchte das Buch mit dem Ball lesen.

> Ich möchte Seifenblasen machen.

## Spiele rund um den Ball

Die folgenden Spiele sind besonders gut für Babys und Kleinkinder geeignet, da man sie auch im Sitzen spielen kann:

> Ihr Baby sitzt auf dem Boden. Rollen Sie ihm den Ball zu und fordern Sie es auf, den Ball zu Ihnen zurückzurollen. Machen Sie dabei das Babyzeichen für »Ball«.

> Bedecken Sie einen Ball mit einem Tuch oder verstecken Sie ihn hinter Ihrem Rücken. Fragen Sie Ihr Kind dann »Wo ist der Ball?« und begleiten Sie die Frage mit dem Zeichen für »Ball«. Das Zeichen für »Wo?« finden Sie auf Seite 112.

> Zeigen Sie Ihrem Kind einen Luftballon und lassen Sie es damit Erfahrungen sammeln. Durch sein langsames »Flugtempo« kann Ihr Baby den Luftballon im Gegensatz zum Ball viel früher erwischen und wird für seine Mühen belohnt. »Schau, da oben ist der Ball! (Benutzen Sie gleichzeitig das Babyzeichen für »Ball«).

> Bemalen Sie Luftballons mit Gesichtern. Oder Sie befüllen die Ballons mit Wasser, Reiskörnchen oder Sand. Das Spiel mit den »verkleideten« Ballons beziehungsweise den Ballons, die jetzt so ganz anders reagieren, vermittelt Ihrem Kind eine ganze Bandbreite von Sinneseindrücken. Und auch hier gilt: Die Fragen immer mit dem Babyzeichen für »Ball« begleiten.

**GU-ERFOLGSTIPP**

**SEIFENBLASEN LOCKEN BABYS AUS DER RESERVE**

Alle Babys lieben das Spiel mit Seifenblasen. Die durchsichtigen Bälle schweben langsam durch die Luft, zerplatzen bei Berührung, sind wie durch Zauberei verschwunden – und genauso schnell wieder hervorgezaubert. Machen Sie während des Zerplatzens das Zeichen für »alle-alle« und sagen Sie »Jetzt sind die Bälle weg!«. Danach fragen Sie: »Soll ich noch einmal pusten?«. (Zeigen Sie dazu das Zeichen für »mehr«). Sie werden sehen: Schon nach kurzer Zeit wird Ihnen Ihr Kind das Babyzeichen für »Ball« mit einem strahlendem Lächeln zeigen, sobald es nur die Seifenblasenverpackung sieht.

1

**TIPP**

Und auch bei der Ente gilt: Mehr Sinne ansprechen bringt mehr Lerneffekt. Begleiten Sie deshalb Quietscheentchen & Co. immer mit einem schnattrigen »Quakquakquak«.

## Das Babyzeichen für »Ente«

Die Quak-quak-Ente für die Badewanne, zum Nachziehen oder im Bilderbuch kennt heute jedes Kind! Schließlich sind die Entchen auch (fast) immer wunderbar quietschegelb und geben häufig das typische Gequake von sich, wenn man sie drückt oder an ihnen zieht. Kein Wunder also, dass die Kleinen Enten lieben und auch gern in Ihr Babyzeichenrepertoire aufnehmen.

> Strecken Sie die Finger der rechten oder linken Hand aus und formen Sie damit eine Art Entenschnabel.

1 > Nun öffnen und schließen Sie die Finger, gerade so, als wollten Sie mit dem »Fingerschnabel« zuschnappen beziehungsweise den Schnabel auf- und zuklappen.

> Begleiten Sie das Zeichen immer mit einem Satz, in dem das Schlüsselwort »Ente« vorkommt, wie zum Beispiel: »Schau, da ist eine Ente!«

## Das möchte Ihr Baby sagen

Enten in Bilderbüchern sind schön und gut, doch wenn Ihr Baby sie in natura entdeckt, sind sie noch viel schöner. Wenn es dann das Zeichen für »Ente« macht, möchte es Ihnen sagen:

> › Ich sehe eine Ente/viele Enten (auf dem See, in der Badewanne, im Bilderbuch).
> › Ich suche meine Spielzeugente!
> › Ich möchte meine Badeente im Wasser haben.
> › Lies mir bitte das Buch mit der Ente vor!
> › Sing mit mir bitte das Lied von den Entchen.

## Reime & Spiele rund um die Ente

Ihr Baby liebt es, zusammen mit seinen Entchen zu baden? Dann wird das Glück perfekt, wenn Sie ihm das Lied »Alle meine Entchen« vorsingen und bei den Schlüsselwörtern »Ente« und »Wasser« (siehe dazu Seite 102) die entsprechenden Babyzeichen zeigen. Das Lied passt aber auch gut zu einem Spaziergang am Fluss oder See – eben immer dann, wenn echte Enten die quietschegelben Exemplare aus Gummi ersetzen.

> › Alle meine **Entchen** (Zeichen für »Ente«)
> schwimmen auf dem See,
> schwimmen auf dem See,
> Köpfchen in das **Wasser,** (Zeichen für »Wasser«)
> (die Hand taucht ins Wasser)
> Schwänzchen in die Höh'.
> (den Zeigefinger nach oben strecken)

## Eine Ente zum Davonlaufen

Ein beliebtes Spielzeug für Laufkinder ist die Schiebeente. Mit dem Stab der Laufente fest in der Hand durch die Wohnung zu spazieren und dabei das »Patsch-patsch« der kleinen Entenfüße zu hören bringt alle zum Lachen. Natürlich ist dies auch eine gute Gelegenheit für den Einsatz des Babyzeichens: »Willst du mit deiner **Ente** spielen?« oder »Schau mal, wie schnell deine **Ente** laufen kann!«

**TIPP**

Mit allen Sinnen lernen – so geht es am einfachsten. Machen Sie deshalb mit Ihrem Baby doch einfach einmal ein kleines Enten-Hörquiz: Sie verstecken die Quietscheente und lassen sie in Ihrem Versteck einfach einige Male quietschen. Gleichzeitig fragen Sie Ihr Baby »**Wo** ist die **Ente**?« und machen dabei die Zeichen für »Wo« und »Ente«. Und schon kann die Suche losgehen ...

1

**TIPP**

Die meisten Kinder finden Hunde toll, aber eben nicht alle. Wenn sich Ihr Kind vor den Vierbeinern fürchtet, sollten Sie das akzeptieren. Vielleicht wird Ihr Baby über den Umweg mit Stoffhunden irgendwann doch noch zu einem kleinen Hundefreund.

## Das Babyzeichen für »Hund«

Auch Hunde stehen in der Baby-Hitliste ganz oben – kein Wunder, die »Wauwaus« sind ja auch bei jedem Spaziergang oder in Bilderbüchern zu sehen und fesseln dabei stets die Aufmerksamkeit der Kleinen. Doch egal ob Hund in groß oder klein, ob Stofftier oder Hündchen im Bilderbuch: Das Babyzeichen dafür wird Ihr Kind ebenfalls lieben, da es auf lustige und anschauliche Weise die typische Verhaltensweise eines Hundes kopiert.

1 › Öffnen Sie den Mund, strecken Sie die Zunge heraus und hecheln Sie dabei wie ein Hund.

› Parallel dazu können Sie Ihre Hände vor den Körper heben und damit eine Art Pfötchen bilden.

> Sprechen Sie für dieses Zeichen zunächst einen Satz, in dem das Schlüsselwort »Hund« vorkommt, und lassen Sie das Babyzeichen folgen: »Schau, da ist ein **Hund**!«

## Das möchte Ihr Baby sagen

Ob im Park, auf dem Spielplatz oder im Bilderbuch: Hunde tauchen überall auf – wie gut, dass Ihr Baby nun das Zeichen für Hund kennt, denn dazu gibt es viel zu sagen:

> Da ist (m)ein Hund!

> Wo ist der Hund?

> Ich möchte mit dem Hund spielen!

> Ich sehe einen Hund in meinem Bilderbuch!

## Reime & Spiele rund um den Hund

Wenn Ihr Kind neben dem Zeichen für »Hund« auch das für »Katze« (siehe Seite 78) beherrscht, bietet es sich an, beim folgenden Reim beide Zeichen zu zeigen:

> Ritze, ritze, ratze,
> der **Hund** ruft jetzt die **Katze**,
> (Zeichen für »Hund« und »Katze«)
> Wuff, wuff, wau,
> da kommt sie mit Radau.
> Ritze, ritze, ratze,
> reich mir deine Tatze.
> Ritze, ritze, reise,
> **Hund** und **Katz** drehn sich im Kreise.
> (Zeichen für »Hund« und »Katze«).

Wenn Sie keinen Hund haben, bietet sich Ihnen und Ihrem Kind vielleicht einmal während eines Spaziergangs die Möglichkeit, einen Hund zu streicheln. Das wäre ideal, denn so »begreift« Ihr Kind das Babyzeichen, wenn Sie es begleitend anwenden, besonders gut.

**TIPP**

Haustiere üben auf Kinder grundsätzlich eine große Faszination aus. Sie sind liebevolle Spielgefährten und haben ein samtweiches Fell, das sich streicheln lässt. Wenn dann noch das passende Babyzeichen dazukommt, ist die Situation perfekt. Denn dann kann Ihr Kind klar artikulieren, was es möchte.

1

# Das Babyzeichen für »Katze«

Katzen gehören neben Hunden eindeutig zu den Lieblingstieren von Kindern. Sie haben ein weiches Fell und lassen sich mit etwas Glück auch von den Kleinsten einmal streicheln. Wenn Sie selbst oder aber Ihre Nachbarn, Freunde und Verwandte ein Kätzchen haben, wird Ihr Baby das Zeichen bald mit großer Begeisterung verwenden. Doch auch ohne echtes Kätzchen finden Kinder die Stubentiger toll, wenn sie sie in Bilderbüchern oder als Stofftiere sehen.

> › Nehmen Sie Zeigefinger und Daumen beider Hände zusammen und berühren Sie damit die Mundwinkel.

**1** › Ziehen Sie nun die zusammengelegten Finger auseinander, gerade so, als ob Sie an imaginären Schnurrhaaren entlangstreichen wollten.

› Begleiten Sie das Zeichen dabei mit einem Satz, in dem das Schlüsselwort »Katze« vorkommt, wie etwa: »Schau, da ist die/deine **Katze**!«

## Das möchte Ihr Baby sagen

Wenn Ihr Kind zu den Katzenliebhabern gehört, wird es dieses Zeichen wahrscheinlich häufig anwenden. Die Bandbreite dessen, was es Ihnen damit sagen möchte, ist recht groß:

› Da ist (m)eine Katze!

› Wo ist die Katze?

› Ich möchte die Katze streicheln!

› Lies mir bitte das Buch mit der Katze vor!

## Reime & Spiele rund um die Katze

Der folgende Reim ist bei kleinen Katzenfreunden nicht nur beliebt, sondern hilft ihnen auch, sich das neue Zeichen spielerisch und dennoch intensiv einzuprägen:

› **Katzen** können Mäuse fangen, (Zeichen für »Katze«)
haben Krallen wie die Zangen,
schlüpfen durch die Bodenlöcher,
auch zuweilen auf die Dächer.
Mäuschen mit dem Ringelschwänzchen
machen auf dem Dach ein Tänzchen.
Leise, leise kommt die **Katz,** (Zeichen für »Katze«)
hat sie all auf einen Satz.

**WICHTIG**
Behalten Sie bitte im Hinterkopf, dass Ihr Baby dieses (und andere) Zeichen durchaus auch individuell gestalten kann. Lassen Sie ihm diese Freiheit, denn bei den Babyzeichen gibt es kein richtig oder falsch. Wichtig ist einzig und allein, dass Sie sich mit Ihrem Kind verständigen und dabei auch noch gemeinsam Spaß haben.

1

**TIPP**

Kinderlieder über Vögel gibt
es relativ viele – und bei
allen lässt sich das neu
erlernte Babyzeichen an-
wenden. Die bekanntesten
Vogellieder sind (neben
dem rechts unten stehen-
den) »Alle Vöglein sind
schon da« und »Die Vogel-
hochzeit«. Wer Text und
Melodie benötigt, findet im
Internet unter den Stich-
wörtern »Kinderlieder,
Vogel« Hilfe und Anleitung.

## Das Babyzeichen für »Vogel«

Auch Vögel faszinieren kleine Kinder, denn sie können fliegen und
wunderbar laut zwitschern. Man muss sich nur ans Fenster oder die
Balkontür stellen, und schon sieht man sie draußen herumflattern …
Vielleicht haben Sie ja auch einen Vogel als Haustier? Benutzen Sie das
Zeichen immer dann, wenn Ihr Kind einen Vogel im Garten oder im
Park, im Zoo oder Bilderbuch sieht oder wenn Sie es auf ein Vögelchen
aufmerksam machen möchten.

1 › Legen Sie die Fingerspitzen von Zeigefinger und Daumen der
rechten oder der linken Hand im Pinzettengriff zusammen und
öffnen und schließen Sie dabei die Fingerspitzen.

› Diese Geste stellt den kleinen Schnabel eines Vogels dar, der
sich öffnet und wieder schließt.

> Begleiten Sie das Zeichen dabei mit einem Satz, in dem das Schlüsselwort »Vogel« vorkommt: »Schau, da fliegt ein **Vogel**!« oder »Hör mal, wie schön der **Vogel** zwitschert!«

## Das möchte Ihr Baby sagen

Wahrscheinlich wird auch Ihr Baby beim Spazierengehen im Park immer ganz aufgeregt, wenn es um Sie herum flattert und zwitschert. Endlich hat es die Möglichkeit, Sie ganz gezielt darauf aufmerksam zu machen, und wird Ihnen dann mit dem Babyzeichen sagen:

> Ich sehe einen Vogel/mehrere Vögel draußen oder auf Bildern.

> Da singt ein Vogel.

> Sing mir das Lied mit den Vögeln.

> Lies mir bitte das Buch mit den Vögeln vor!

**TIPP**

Ein Mobile mit vielen bunten Vögeln, das über dem Wickeltisch hängt, ist nicht nur schön anzusehen, sondern auch eine zusätzliche Motivation für Ihr Baby, das Zeichen zu zeigen.

## Reime & Spiele rund um den Vogel

Mit dem folgenden, bekannten Volkslied lässt sich gut das Zeichen für Vogel zeigen. Es ist aber auch für echte Babyzeichenkönner geeignet, da sie damit zwei weitere Zeichen (für »Mama«, siehe Seite 86, und eine Eigenkreation für das Wort »Kuss«) demonstrieren können:

> Kommt ein **Vogel** geflogen, (Zeichen für »Vogel«)
> setzt sich nieder auf mein Fuß,
> hat ein Zettel im Schnabel,
> von der **Mama** einen Gruß. (Zeichen für »Mama«)
> Lieber **Vogel,** flieg weiter, (Zeichen für »Vogel«)
> nimm ein Gruß mit, einen **Kuss.** (eigenes Zeichen für »Kuss«)
> Denn ich kann dich nicht begleiten,
> weil ich hier bleiben muss.

Bei diesem Lied haben Sie die Möglichkeit, Ihr erstes eigenes Zeichen zu kreieren! Ob Sie beim Wort »Kuss« Ihre Fingerspitzen küssen oder ein Küsschen in die Luft hauchen, bleibt dabei ganz Ihnen überlassen.

1

# Das Babyzeichen für »Hase«

Häschen mit ihrem weichen Fell und den langen lustigen Ohren sprechen kleine Kinder ganz besonders an und gehören in einer Plüschausführung deshalb häufig zur »Grundausstattung« einer Spielzeugkiste. Wie gut, dass es auch dafür ein Babyzeichen gibt, das besonders viel Spaß macht, da es äußerst »sprechend« ist!

1 › Legen Sie dazu beide Hände rechts und links so an den Kopf, dass die Handflächen nach vorn zeigen. Dabei stellen Ihre Hände die Hasenohren dar.

> Begleiten Sie das Zeichen dabei mit einem Satz, in dem das Schlüsselwort »Hase« vorkommt, wie etwa: »Schau, da ist der/dein **Hase** !«

## Das möchte Ihr Baby sagen

Mit Häschen ist es wie mit allen kleineren Tieren: Babys finden sie einfach klasse. Dementsprechend glücklich sind die Kleinen auch, wenn Sie Mama oder Papa endlich darauf aufmerksam machen können, dass sie ihr heiß geliebtes Stofftier vermissen oder die Geschichte vom kleinen Häschen hören möchten. Denn das und noch viel mehr kann das Zeichen für »Hase« bedeuten:

> Da ist (m)ein Häschen!

> Wo ist der Hase?

> Ich möchte den Hasen streicheln!

> Lies mir bitte das Buch mit dem Häschen vor!

## Reime & Spiele rund ums Häschen

Wer kennt es nicht, das Lied vom Häschen, das in der Grube schläft und von den Kindern aufgefordert wird, nun doch noch davonzuhüpfen! Mithilfe der Zeichensprache werden die Reime auch für kleinere Kinder interessant, die noch nicht laufen können. Denn auch sie können nun das Häschen spielen – und vielleicht auch schon auf Knien davonkrabbeln!?

> **Häschen** in der Grube (Zeichen für »Hase«)
> saß und **schlief**, (Zeichen für »schlafen«)
> saß und **schlief**, (Zeichen für »schlafen«)
> armes **Häschen** bist du krank, (Zeichen für »Hase«)
> dass du nicht mehr hüpfen kannst?
> **Häschen** hüpf, (Zeichen für »Hase«)
> **Häschen** hüpf, (Zeichen für »Hase«)
> **Häschen** hüpf. (Zeichen für »Hase«)

**TIPP**

Auch mit ganz kleinen Kindern können Sie das »Häschen in der Grube« bereits nachspielen. Das Kind muss sich dafür nur hinsetzen und etwas zusammenkauern. Später, wenn Ihr Baby laufen und vielleicht auch hüpfen kann, kann es das Häschen spielen, das an den entsprechenden Stellen dann herumhüpft.

# Auf dem Bauernhof und im Zoo

Nicht nur Haustiere, alle Tiere fesseln die Aufmerksamkeit von Kindern und werden – egal ob im Bilderbuch durchgeblättert oder in natura – zum Greifen nah erlebt. Dabei werden die Babyzeichen für Kuh, Elefant & Co. Ihrem Kind besonders viel Spaß bereiten, da sie bei den beiden nachfolgenden Fingerspielen sehr anschaulich dargestellt werden.

### Heute bin ich ein Tier

Dieses Lied, das nach der bekannten Melodie der »Vogelhochzeit« gesungen wird, eignet sich besonders für Kinder, die schon einige Zeichen beherrschen und die Tiere, die im Lied vorkommen, aus dem Bilderbuch oder aus dem Zoo kennen:

> › Die Kinderlein, die Kinderlein,
> die wollen heut mal Tiere sein.
> Fideralala, fideralala, fideralalalala.
>
> Die Hannah (anderen Namen einsetzen) ist der **Elefant**,
> schwenkt seinen Rüssel mit der Hand.
> (Zeichen für »Elefant«: Mit Arm und Hand einen
> Elefantenrüssel formen und vor die Nase halten)
> Fideralala, fideralala, fideralalalala.
>
> Der Simon (anderen Namen einsetzen) ist der braune **Bär**,
> er leckt das Honigtöpfchen leer. (Zeichen für »Bär«:
> Hände kreisen wie zwei Tatzen vor dem Körper)
> Fideralala, fideralala, fideralalalala.
>
> Die Karla (anderen Namen einsetzen) ist ein **Affe** heut
> und klettert rum mit ganz viel Freud. (Zeichen für »Affe«:
> Mit beiden Händen unter die Achselhöhlen fassen)
> Fideralala, fideralala, fideralalalala.
>
> Der Jakob (anderen Namen einsetzen) ist das **Zebra** hier,
> das ist ein ganz gestreiftes Tier. (Zeichen für »Zebra«:
> Beide Hände »zeichnen« Streifen auf dem Oberkörper)
> Fideralala, fideralala, fideralalalala.

**TIPP**

Ob beim Kindergeburtstag oder wenn Freunde Ihres Kindes anwesend sind: Das Lied und die Babyzeichen machen gemeinsam noch viel mehr Spaß.

## Jeder Finger ist ein Tier

› Die linke Hand das ist der Stall. (linke Hand zeigen)
Finger sind die Tiere all. (rechte Hand zeigen
und mit den Fingern wackeln)

Dieses dicke Däumchen mein
ist ein kleines, fettes **Schwein**. (Zeichen für »Schwein«:
Finger der rechten Hand um die Nase legen und grunzen)

Der Zeigefinger ist ein **Pferd**, (Zeichen für »Pferd«: Fäuste
ballen und vor dem Körper galoppieren lassen)
ist dem Reiter sehr viel wert.

Mittelfinger ist die **Kuh,** (Zeichen für »Kuh«: Mit den Händen
seitlich am Kopf zwei Hörner formen).
hat zwei Hörner und ruft »Muh!«

Und dann kommt der **Ziegenbock** (Zeichen für »Ziege«:
Hand formt einen Ziegenbart unterhalb des Kinns)
mit dem langen Zottelrock.

Hier das kleine Fingerlein
soll mein kleines **Schäfchen** sein. (Zeichen für »Schaf«:
Mit beiden Fäusten seitlich am Kopf kreisen und »Mäh!«
rufen)

Tiere laufen im Galopp
immer schneller hopp, hopp, hopp,
über Stock und über Stein
alle in den Stall hinein, (Finger der rechten Hand zusammen-
nehmen und in der linken Hand verschwinden lassen)
denn es wird bald dunkel sein.

**TIPP**

Besonders schnell lernen
Kinder die Zeichen, wenn
Sie Ihnen parallel zum
Singen die passenden
Stoff-Fingerpüppchen
zeigen.

1

# Das Babyzeichen für »Mama«

Auch wenn Mama so gut wie immer die Hauptrolle im Leben eines Kindes spielt – das liebevolle Streichelzeichen für Mama wird Ihr Kind nur selten benutzen, wenn Sie in seiner Nähe sind. Stattdessen kommen andere Personen in den Genuss des Zeichens – und zwar immer dann, wenn Ihr Kind zeigen möchte, dass es seine Mama braucht oder vermisst beziehungsweise wissen will, wo Mama gerade ist.

1 › Legen Sie die Innenfläche der Hand an Ihre Wange und streicheln Sie diese zärtlich von oben nach unten.

› Begleiten Sie das Zeichen dabei mit einem Satz, in dem das Schlüsselwort »Mama« vorkommt, wie etwa: »Keine Sorge, **Mama** bleibt ja bei dir!« oder »Schau mal, hier versteckt sich die **Mama**!«

### Das möchte Ihr Baby sagen

Natürlich fühlen sich Babys auch außerhalb von Mamas Reichweite wohl. Doch nichts und niemand kann im Notfall, bei großer Müdigkeit oder einem Sehnsuchtsanfall die Mama wirklich ersetzen. Wie gut, dass Ihr Baby jetzt die Möglichkeit hat, nach Ihnen zu verlangen, denn das Babyzeichen für »Mama« bedeutet:

> › Wo ist meine Mama?
> › Ich möchte zu meiner Mama!

## Reime & Spiele rund um Mama

Tatsächlich taucht die Mama in Fingerspielen fast immer in Gesellschaft mit Papa, häufig auch mit anderen Familienmitgliedern auf – wie nachfolgendes Beispiel zeigt:

> › Die fünf Zappelfinger (mit den Fingern der linken Hand wackeln und sie dann zur Faust ballen)
> schlafen ganz fest (Zeichen für »schlafen« mit der rechten Hand zeigen)
> wie fünf **Vögelein** in ihrem Nest. (Zeichen für »Vogel« mit der rechten Hand zeigen)
> Sie **schlafen** die ganze Nacht, (Zeichen für »schlafen« mit der rechten Hand zeigen)
> erst am Morgen sind sie dann aufgewacht.
> Zuerst der **Papa**, (linke Hand zeigt den Daumen, die rechte Hand das Zeichen für »Papa«)
> dann die **Mama**, (linke Hand zeigt den Zeigefinger, die rechte Hand das Zeichen für »Mama«)
> dann der Bruder, (dazu kommt der Mittelfinger)
> dann die Schwester, (und dazu der Ringfinger)
> und zuletzt der kleine Bi-Ba-Butzemann. (zum Schluss der kleine Finger; anschließend mit allen Fingern der linken Hand gleichzeitig wackeln)

**TIPP**

Regen Sie Ihr Umfeld, also Oma, Opa, Onkel, Tanten, Tagesmutter & Co., dazu an, das Zeichen für »Mama« zu zeigen, wenn über Sie gesprochen wird. Denn das Zeichen für Mama wird seltener von Ihnen als vielmehr von Ihren Mitmenschen benutzt werden.

**GU-ERFOLGSTIPP** FINGERSPIELE MACHEN FIT

Mit Fingerspielen unterstützen Sie nicht nur die Fingerfertigkeit und damit die Feinmotorik Ihres Kindes, sondern bereiten es zusätzlich bestens auf die Babyzeichen vor. Denn sobald Sie singend oder sprechend die Worte mit Gesten untermalen, hängen die Augen Ihres Kindes gebannt an Ihren Fingern und verfolgen jede Ihrer Bewegungen. Ein weiterer Pluspunkt: Fingerspiele fördern darüber hinaus die Sprachentwicklung sowie das Denkvermögen Ihres Kindes.

# Das Babyzeichen für »Papa«

Immer noch sind viele Papas weniger zu Hause als die Mamas. Und umso größer ist die Freude, wenn Papa dann endlich kommt und mit den Kindern herumtollt und Quatsch macht, den Mama so nie mitmachen würde! Aber genau dafür sind Papas nun mal da! Wie gut, dass Ihr Baby jetzt auch das Zeichen für Papa kennenlernt, damit es Sie fragen kann, wann er denn endlich nach Hause kommt.

**1** › Strecken Sie Ihre Hand aus und tippen Sie mit den Fingerspitzen zweimal an Ihr Kinn, während Sie die beiden Silben von »Pa-pa« aussprechen.

› Begleiten Sie das Zeichen dabei mit einem Satz, in dem das Schlüsselwort »Papa« vorkommt, wie etwa: »Ja, der **Papa** kommt sicher gleich nach Hause.« oder »Hallo, da ist der **Papa** ja schon!«

### Das möchte Ihr Baby sagen

Das Zeichen für die zweite Hauptperson in der Familie wird Ihr Kind schnell beherrschen, denn wilde Spiele sind einfach toll! Deshalb wird

Ihr Kind das Zeichen auch oft und gern benutzen, denn es möchte Ihnen damit sagen:

> › Wo ist Papa?
> › Ich möchte mit Papa spielen.

## Reime & Spiele rund um Papa

Hier der absolute Klassiker unter den modernen Kinderliedern, bei dem Ihr Kind neben dem Zeichen für »Papa« auch gleich noch das für »Mama« üben und festigen kann:

> › Erst kommt der Sonnenkäfer**papa**,
> (Daumen der linken Hand hochhalten und mit der rechten Hand das Zeichen für »Papa« zeigen)
> dann kommt die Sonnenkäfer**mama**!
> (zum Daumen der linken Hand gesellt sich der Zeigefinger, und mit rechts zeigen Sie das Zeichen für »Mama«)
> Und hinterdrein, ganz klitzeklein,
> die Sonnenkäferkinderlein.

**TIPP**

Der links stehende Refrain des Sonnenkäferpapa-Liedes hat noch zwei weitere süße Strophen, die Ihr Baby ebenfalls lieben wird:
> So machen sie den Sonntagsgang, auf unserer Gartenbank entlang. Erst kommt der Sonnenkäferpapa ...
> Doch abends gehn die Käferlein in ihre Käferbetten rein. Erst geht der Sonnenkäferpapa ...

**TIPP**

Fingerspiele machen immer viel Spaß, doch Ihr Kind wird absolut fasziniert sein, wenn Sie sich kleine Fingerpüppchen auf die Fingerspitzen stecken und diese zum Lied über einen Tisch wandern oder auf Babys Beinen herumkrabbeln lassen. Seine Aufmerksamkeit richtet sich dadurch wie von selbst auf die Bewegungen der Finger.

1

## Das Babyzeichen für »Puppe/Baby«

Mit Puppen spielen ist bis heute nicht aus der Mode gekommen – und das ist gut so. Denn es gibt den ganz Kleinen das Gefühl, endlich einmal ganz groß zu sein und nun Mamas und Papas Rolle einzunehmen.

**1**  › Winkeln Sie beide Arme vor dem Körper an und legen Sie die Unterarme ineinander, gerade so, als ob Sie eine Puppe beziehungsweise ein Baby darin tragen und dabei hin und her wiegen wollten.

› Begleiten Sie das Zeichen dabei mit einem Satz, in dem eines der Schlüsselworte »Puppe« beziehungsweise »Baby« vorkommt, wie etwa: »Möchtest du mit deiner **Puppe** spielen?« oder »Schau mal, da ist ein **Baby**!«

## Das möchte Ihr Baby sagen

Diese Geste wird immer dann zum Einsatz kommen, wenn Ihr Kind mit einer Puppe spielt, im Bilderbuch oder Schaufenster eine Puppe entdeckt oder ein anderes, in den Augen des Kindes »viel kleineres« Baby sieht. Dann möchte es Ihnen damit sagen:

> › Ich sehe eine Puppe/ein Baby oder ein Bild davon!
>
> › Ich suche meine Puppe.
>
> › Ich möchte mit meiner Puppe spielen.

## Reime & Spiele rund um die Puppe/das Baby

Auch für den Begriff »Puppe« gibt es wieder gereimte Verse, die einfach alle Babys lieben! Deshalb wird das anschließende Fingerspiel sicherlich bald zu den Lieblingsspielen Ihres Kindes zählen, das es immer und immer wieder hören und nachspielen möchte – machen Sie sich also auf etwas gefasst!

> › **Puppe** Klärchen
> (Zeichen für »Puppe«)
> flüstert mir ins Öhrchen:
> (mit der Hand ans Ohr fassen)
> Erzähl dem Kind ein Märchen
> von der **Puppe** Klärchen.
> (Zeichen für »Puppe«)
> Die **Puppe** Klärchen
> (Zeichen für »Puppe«)
> krabbelt gern an Härchen,
> (mit einer Hand im Haar Ihres Kindes wuscheln)
> schüttelt ihre Zöpfchen,
> streichelt gerne Köpfchen,
> (übers Köpfchen streicheln)
> flüstert mir ins Öhrchen:
> (ans Ohr fassen)
> Erzähl dem Kind ein Märchen
> von der **Puppe** Klärchen.
> (Zeichen für »Puppe«)

**TIPP**

Ihr Baby hat eine kleine Puppe? Dann nichts wie her damit! Denn die Verse und Babyzeichen machen viel mehr Spaß, wenn man sie der eigenen Puppe vorführen kann. Hinzu kommt, dass Ihr Baby das Zeichen für Puppe sehr viel schneller »begreift«, wenn es dabei eine echte Puppe vor Augen hat.

**1**

**TIPP**

Begleiten Sie das Zeichen auf jeden Fall immer mit einem ernsten Gesichtsausdruck und einer etwas eindringlicheren Stimmlage. Denn auch das hilft Ihrem Baby, die Bedeutung des Zeichens schneller und besser zu begreifen.

## Das Babyzeichen für »heiß«

Das Spiel mit dem Feuer ist leider auch bei Babys sehr beliebt: Gerade wenn etwas gefährlich ist, wirkt es auf die Kleinen ganz besonders anziehend. Wie gut, dass es dieses Zeichen gibt, mit dessen Hilfe Sie Ihrem Kind klarmachen können, dass Gefahr droht.

> › Legen Sie die rechte oder linke Hand mit der Handfläche flach auf den Mund.

**1** › Ziehen Sie die Hand mit einer schnellen Bewegung vom Mund weg nach außen und schließen Sie dabei die Hand zur Faust.

> Begleiten Sie das Zeichen dabei mit dem entsprechenden Ge-
sichtsausdruck und einem Satz, in dem das Schlüsselwort
»heiß« vorkommt, wie etwa: »Vorsicht, das ist **heiß**!«

## Das möchte Ihr Baby sagen

»Heiß« ist ein echtes Alltagszeichen, das Sie mit dem entsprechenden
Schlüsselwort immer wieder einsetzen werden, um Ihr Kind vor Scha-
den zu bewahren. Ob ein Kamin oder Schwedenofen, die Herdplatte
oder der Backofen, eine Tasse gefüllt mit heißer Flüssigkeit oder der
faszinierende Anblick einer Kerze – zeigen Sie Ihrem Kind diese Geste
und warnen Sie es damit vor der Gefahr. Wenn Ihr Kind von sich aus
das Zeichen für »heiß« einsetzt, möchte es Sie fragen:

> Darf ich das anfassen?

> Ist das zu heiß?

## Trostverse, wenn es doch einmal »heiß« war

Leider lässt es sich nicht immer vermeiden, dass Ihr Kind sich einmal
weh tut. Doch dann helfen die folgenden Trostverse, das »Aua« schnell
wieder zu vergessen:

> **Wo** tut's weh?
> (Zeichen für »Wo?«)
> Hol ein bisschen Schnee,
> hol ein bisschen kühlen Wind,
> (die schmerzende Stelle anpusten)
> dann vergeht es ganz geschwind.

> **Wo** tut's weh?
> (Zeichen für »Wo?«)
> Trink ein Schlückchen Tee,
> (Zeichen für »trinken«)
> **iss** 'nen Löffel Haferbrei,
> (Babyzeichen für »essen«)
> morgen ist es längst vorbei.

**TIPP**

Benutzen Sie das Wort und
das Zeichen für »heiß« bitte
nur dann, wenn Backofen,
Ofen oder Heizung wirklich
heiß sind. Zeigen Sie mit
Wort und Geste dann auch
eindringlich die Gefahr, die
davon ausgeht. Wenn Ofen
& Co. kalt sind und als heiß
bezeichnet werden, verwirrt
das die Kleinen mehr, als
es im Bedarfsfall hilft.

## Das Babyzeichen für »mehr«

Dieses Zeichen ist ein echter Segen, denn endlich kann Ihr Kind Ihnen mitteilen, dass es noch mehr vom leckeren Mittagessen möchte, dass es noch nicht genug vom Schaukeln hat oder dass sein Durst nach ein paar Schlucken noch nicht gestillt ist. Das heißt für Sie aber auch, dass Ihr Baby in Zukunft all das einfordern wird, wovon es nicht genug bekommen kann ...

**1** › Winkeln Sie beide Arme leicht an und lassen Sie die Hände locker vor dem Oberkörper hängen.

**2** › Klappen Sie nun die Hände schwungvoll nach vorne auf, gerade so, als wollten Sie jemanden antreiben.

› Alternativ können Sie das Zeichen auch mit einer Hand ausführen, etwa wenn Sie beim Füttern nur eine Hand frei haben.

› Begleiten Sie das Zeichen dabei mit einem Satz, in dem das Schlüsselwort »mehr« vorkommt, wie etwa: »Möchtest du noch **mehr** Brei **essen**?«

## Das möchte Ihr Baby sagen

Dieses Zeichen wird Ihr Kind mit Sicherheit schnell lernen, schließlich kann es damit seinen Wunsch nach »mehr« endlich zum Ausdruck bringen. Das, was es möchte, kann dabei äußerst vielfältig sein:

> Ich will noch mehr essen und trinken!

> Ich will das Lied noch einmal hören!

> Ich möchte das noch einmal spielen!

> Lies mir die Geschichte noch einmal vor!

## Reime & Spiele, die nach »mehr« schreien

Es folgen zwei Kinderklassiker, bei denen kein Kind freiwillig aufhört – also reichlich Gelegenheit für Ihr Baby, das neue Zeichen für »mehr« intensiv zu üben!

> Große Uhren
(setzen Sie Ihr Kind auf Ihren Schoß und halten Sie es seitlich fest)
machen tick-tack, tick-tack.
(das Kind langsam vor und zurück schaukeln)
Große Glocken machen ding-dong, ding-dong.
(langsam nach links und rechts schaukeln)
Kleine Glocken machen bim-bam, bim-bam, bim-bam ...
(etwas schneller nach links und rechts bewegen)

> Hoppe, hoppe, Reiter,
wenn er fällt, dann schreit er.
Fällt er in den Teich,
find't ihn keiner gleich.

Fällt er in den Graben,
fressen ihn die Raben. (das Baby zärtlich kneifen)

Fällt er in die Hecken,
zwicken ihn die Schnecken. (das Baby zärtlich zwicken)

Fällt er in den Sumpf,
dann macht der Reiter plumps!
(das Baby vorsichtig vom Schoß gleiten lassen)

**TIPP**

Wenn Sie merken, dass Ihr Baby bei einem Spiel, Reim oder Lied besonders viel Spaß hat, nutzen Sie die Gelegenheit und fragen Sie nach: »Möchtest du noch **mehr** spielen?«, wobei Sie das entsprechende Babyzeichen dazu verwenden. So bekommt Ihr Kind die Gelegenheit, das neue Zeichen gleich selbst zu benutzen.

**1**

**TIPP**

Besonders viel Spaß werden Sie und Ihr Baby haben, wenn Sie gemeinsam in die Wanne steigen und dort wilde Babyzeichenspiele mit Badespritztieren veranstalten!

## Das Babyzeichen für »baden«

Die meisten Kinder lieben ihr Baderitual. Schließlich geht es dabei nicht nur darum, sauber zu werden, sondern auch um eine vergnügte Spielzeit im nassen Element. Eimerchen und eine kleine Gießkanne, Trichter und Becher können dabei den Aufenthalt in der Wanne ungemein versüßen, sodass am Ende der Badesession wahrscheinlich das Zeichen für »mehr« kommen wird.

› Ballen Sie Ihre Hände zu Fäusten und legen Sie diese auf Ihren Oberkörper.

**1** › Bewegen Sie Ihre Fäuste nun hoch und runter, gerade so, als wollten Sie sich einseifen.

› Begleiten Sie das Zeichen dabei mit einem Satz, in dem das Schlüsselwort »baden« vorkommt, wie etwa: »Schau mal, du gehst jetzt **baden**!«

## Das möchte Ihr Baby sagen

Bei vielen Babys reicht ein Blick ins Badezimmer, um sie daran zu er-
inern, wie toll es ist, in der Wanne oder im Pool zu planschen. Wahrscheinlich hatte Ihr Baby dann auch versucht, Ihnen mitzuteilen, dass
es jetzt gern baden würde, doch leider ohne Erfolg. Damit ist jetzt
Schluss, denn nun kann es Ihnen mit dem neuen Zeichen unmissverständlich sagen:

> › Darf ich jetzt baden?

> › Ich möchte gern baden/planschen!

## Ideen rund ums Baden

Babys lieben es einfach, Dinge auszupacken! Denn dabei verbin-
det sich der Nervenkitzel der Entdeckung mit der Freude darüber, dass es mit den eigenen Händen etwas erforschen und erkunden kann. Deshalb ist es im folgenden Spiel auch egal, ob Ihr
Baby das Badespielzeug schon länger kennt, denn es ist allein die
Überraschung, die zählt. Sie brauchen dazu einen Waschlappen
und ein kleines Badespielzeug, wie beispielsweise ein Quietscheentchen. Lenken Sie Ihr Kind für einen kurzen Moment ab
und verstecken Sie das Entchen im Waschlappen. Geben Sie
Ihrem Baby das »Päckchen« mit den Worten »Hier ist ein Geschenk für dich!«. Mit Begeisterung wird es sein Geschenk »aus-
packen« und Ihnen präsentieren. Sagen Sie »Oh, das ist ja eine
**Ente**!« und machen das Babyzeichen dazu. Vermutlich wird Sie
Ihr Kind nun mit dem Zeichen für »mehr« auffordern, ihm noch
ein Päckchen zu schenken.

### Puppen-Waschtag

Geben Sie Ihrem Kind eine Badepuppe mit ins Wasser, sagen Sie
»Deine Puppe geht heute auch **baden**« und machen Sie die entsprechenden Zeichen für »Puppe« und »baden«. Zeigen Sie
Ihrem Kind, wie die Puppe gewaschen wird. Danach darf es selbst
aktiv werden und die Puppe kräftig einseifen und abrubbeln. Zur
Belohnung darf das Püppchen vielleicht eine Extrarunde in einer
kleinen Schüssel durch die Badewanne drehen.

**TIPP**
Seifenblasen in der Wanne
sind ein Riesenspaß und
eine gute Gelegenheit fürs
Baby, die Zeichen für »Ball«
und »alle-alle« zu üben.

**TIPP**

Zubettgehen heißt für die Kleinen auch immer Abschiednehmen von Mama und Papa. Erleichtern Sie Ihrem Baby die Trennung mit einem Kuscheltier, für das Sie zusammen vielleicht sogar ein eigenes Babyzeichen erfinden!?

## Das Babyzeichen für »schlafen«

Vielen Babys fällt es schwer, sich vom Tag zu verabschieden. Mit dem Babyzeichen für »schlafen« haben Sie jetzt eine zusätzliche Möglichkeit, Ihrem Kind zu zeigen, dass ein schöner Tag nun mit dem Bettgeh-Ritual zu Ende geht. Doch das Zeichen kann durchaus auch von den Kindern selbst kommen: Babys mit ausgeprägtem Ruhe- und Schlafbedürfnis benutzen es gern, um deutlich zu machen, dass Sie sich am liebsten hinlegen beziehungsweise ausruhen würden.

**1** › Neigen Sie den Kopf etwas zur Seite. Legen Sie Ihre Handflächen zusammen, nehmen Sie die Hände an eine Wange und lassen Sie den Kopf darauf wie auf einem Kissen ruhen.

› Wenn Sie die Geste noch verstärken möchten, können Sie zusätzlich die Augen schließen.

> Begleiten Sie das Zeichen dabei mit einem Satz, in dem das Schlüsselwort »schlafen« vorkommt, wie etwa: »Du bist ja müde, komm wir gehen jetzt **schlafen**!«

## Das möchte Ihr Baby sagen

Jeder Tag sollte – idealerweise – mit einem schönen Bettgeh-Ritual enden. Denn so kann sich Ihr Kind vom Tag verabschieden und langsam zur Ruhe kommen. Ob Sie ihm dabei eine Gutenachtgeschichte vorlesen oder ein beruhigendes Schlummerlied singen, hängt ganz von Ihnen und den Vorlieben Ihres Kindes ab. So wird Ihr Kind das Zubettgehen schon bald akzeptieren und Ihnen mit dem Zeichen sagen:

> Ich will schlafen!

> Ich sehe jemanden, der schläft (Mensch, Puppe, Tier).

## Reime & Spiele rund ums Schlafen

Singen Sie den folgenden Schlafliedklassiker doch einfach einmal zusammen mit Ihrem Kind, das vielleicht vor Ihnen auf der Wickelkommode sitzt und Sie mit den Babyzeichen begleiten:

> **Schlaf**, Kindlein, **schlaf**!
> (Zeichen für »schlafen«)
> Der **Papa** hüt die Schaf,
> (Zeichen für »Papa«)
> die **Mama** schüttelt's Bäumelein,
> (Zeichen für »Mama«)
> da fällt herab ein Träumelein.
> **Schlaf**, Kindlein, **schlaf**!
> (Zeichen für »schlafen«)
> **Schlaf**, Kindlein, **schlaf**!
> (Zeichen für »schlafen«)
> Am Himmel ziehn die Schaf,
> die Sternlein sind die Lämmerlein,
> der Mond, der ist das Schäferlein.
> **Schlaf**, Kindlein, **schlaf**!
> (Zeichen für »schlafen«)

**TIPP**

Verwenden Sie das Zeichen, wenn es Zeit zum Schlafengehen ist oder Sie beobachten, dass sich Ihr Kind vor Müdigkeit die Augen reibt: »Bist du müde und möchtest **schlafen**?«, sollten Sie dann nachfragen. Beim gemeinsamen Rollenspiel passt das Zeichen ebenfalls prima, zum Beispiel wenn das Püppchen oder Kuscheltier schlafen soll: »Deine Puppe will jetzt auch **schlafen**!«

1

# Das Babyzeichen für »Schnuller«

**TIPP**
Nicht immer braucht Ihr Kind gleich den Schnuller, um sich zu beruhigen. Manchmal ist es sogar noch viel besser, Mamas Nähe zu spüren und sich in ihre Arme zu kuscheln. Denn Mamas sind einfach der ultimative Seelentröster.

Irgendwie trifft das englische Wort für Schnuller den Nagel auf den Kopf: Dort heißt der Schnulli oder Nuckel, wie er oft genannt wird, nämlich »pacifier«, was wörtlich übersetzt »Friedensbringer« bedeutet. Den bringt der Schnuller tatsächlich für Kinder und Eltern. Warum er so gut hilft? Gerade am Anfang haben Babys ein starkes Saugbedürfnis, das damit befriedigt wird, wodurch sich der kleine Körper wunderbar entspannt. Später dann ist der Schnuller meist Tröster und Einschlafhilfe, die zuweilen unauffindbar ist. Doch mit dem Zeichen kann Ihr Kind Sie nun wissen lassen, dass es nach seinem »Friedensbringer« sucht.

1 › Strecken Sie Ihren Zeigefinger aus, stecken Sie ihn in den Mund und saugen Sie daran wie an einem Schnuller.

› Begleiten Sie das Zeichen dabei mit einem Satz, in dem das Schlüsselwort »Schnuller« vorkommt: »Willst du deinen **Schnuller**?« oder »**Wo** ist denn dein **Schnuller**?«

### Das möchte Ihr Baby sagen

Der Wunsch beziehungsweise die Suche nach dem Schnuller ist ein echtes »Dauerbrennerthema« in Familien mit Kindern. Deshalb wird Ihr Kind das Zeichen häufiger verwenden als Sie, um Ihnen zu sagen:

> › Ich möchte meinen Schnuller.

> › Ich suche meinen Schnuller.

> › Bitte gib mir meinen Schnuller.

> › Schau, das andere Baby hat auch einen Schnuller!

## Die Geburtsstunde des Schnullers …

Hätten Sie gewusst, wann und wie es zur Erfindung des Schnullers kam? In den Fünfzigerjahren fiel zwei Zahnmedizinern auf, dass das lange Daumenlutschen eine der wesentlichen Ursachen für Zahn- und Kieferfehlstellungen bei Kleinkindern war. Bis dahin war es nämlich ausschließlich der Daumen, mit dem Babys ihren angeborenen Saugreflex befriedigen konnten. Deshalb entwickelten die beiden Mediziner einen Sauger, der den natürlichen Bedürfnissen von Kindern gerecht wurde und darüber hinaus sogar die Muskeln im Kiefer-, Zungen- und Lippenbereich trainierte. Schließlich brauchen Kleinkinder dieses Training nicht nur, um nach der Stillzeit problemlos Nahrung aufnehmen zu können, sondern auch für ihre spätere Sprachentwicklung. So war der erste Schnuller »geboren«, dessen Weiterentwicklung wir heute in (fast) aller Babys Mündern finden.

## … und der Umgang damit

Für viele noch ganz kleine Babys ist der Schnuller sicherlich ein wichtiger Seelentröster. Doch ältere Kinder brauchen nicht immer gleich den Schnuller, um sich zu beruhigen. Manchmal hilft ein kleines Ablenkungsmanöver (zum Beispiel mit einem Lieblingsspielzeug) oder das Angebot, Mamas Nähe zu spüren und sich in ihre Arme zu kuscheln. Auch wenn der Schnuller die schnellere Lösung ist, sollten Sie ihn deshalb nicht immer gleich als Trostpflaster anbieten. Fragen Sie Ihr Kind stattdessen mit dem Babyzeichen, ob es seinen Schnuller möchte oder vielleicht doch lieber mit Ihnen schmusen will. Das erleichtert später auch den Abschied vom Seelentröster, denn Ihr Kind weiß, dass es eine schöne Alternative zum Nucki gibt.

**TIPP**
Älteren Babys sollte der Schnuller möglichst nur »im Notfall« angeboten werden oder wenn Sie unterwegs sind und keine Zeit zur Kuschel-Alternative haben. Sobald Sie spüren, dass Ihr Kind aus Langeweile den Schnuller möchte, sollten Sie versuchen, es mit einem lustigen Spiel oder Spielzeug davon abzulenken.

**1**

## Das Babyzeichen für »Wasser«

Wasser ist für Babys schon etwas Tolles: Es läuft aus dem Wasserhahn, man findet es aber auch im Garten in Eimern und natürlich im Schwimmbad oder der Badewanne. Man kann damit spielen, darin planschen und es sogar noch trinken. Ganz klar, dass das Zeichen fürs nasse Element in unserer Liste nicht fehlen darf.

**1** › Strecken Sie Ihre Hand aus, legen Sie diese quer ans Kinn und tippen Sie mit der Handkante zweimal an Ihr Kinn.

› Begleiten Sie das Zeichen dabei mit einem Satz, in dem das Schlüsselwort »Wasser« vorkommt, wie etwa: »Hast du Durst, möchtest du **Wasser**?« oder »Schau, dort steht dein **Wasser**!«

## Das möchte Ihr Baby sagen

Links haben wir beschrieben, wie vielfältig bereits Babys Wasser erleben können – kein Wunder also, dass die Bandbreite der Möglichkeiten, was Ihr Baby Ihnen mit dem Zeichen für »Wasser« mitteilen möchte, dementsprechend groß ist.

> › Ich bin durstig und möchte Wasser trinken.

> › Ich sehe ein Glas/eine Flasche Wasser.

> › Ich sehe Wasser in der Badewanne, im Fluss, im Eimer, im Meer oder im See.

> › Ich möchte ins Wasser.

## Reime & Spiele rund ums Wasser

Da sich das Babyzeichen für »Wasser« nicht nur auf Trinkwasser bezieht, sondern auch auf das Wasser in der Badewanne, im Schwimmbad oder einem See, lässt es sich natürlich auch bei den verschiedensten Liedern und Gedichten anwenden.

> › Blümlein hat kein **Wasser** mehr.
> (Zeichen für »Wasser«)
> Hängt den Kopf und dürstet sehr.
> Ja, da muss ich springen
> und ihm **Wasser** bringen.
> (Zeichen für »Wasser«)
> Sollst nicht länger durstig sein.
> Trink, mein liebes Blümelein.
>
> (Werner Reinicke)

> › **Wasser** ist zum Waschen da,
> (Zeichen für »Wasser«)
> falleri und fallera,
> auch zum Zähneputzen, kann man es benutzen.
> **Wasser** braucht das liebe Vieh,
> (Zeichen für »Wasser«)
> fallera und falleri,
> selbst die Feuerwehr, benötigt **Wasser** sehr.
> (Zeichen für »Wasser«)

**TIPP**

Das Babyzeichen für »Wasser« können Sie später sehr gut mit anderen Zeichen verknüpfen, wie beispielsweise »Du willst **baden** und ins **Wasser**?« oder »Schau, deine **Ente** ist schon im **Wasser**!«

**TIPP**

Wenn Ihr Kind schon fit im Zeigen der Babyzeichen ist und neben dem Zeichen für »Milch« auch das für »Wasser« beherrscht, können Sie differenzierter nachfragen: »Möchtest du Milch oder lieber Wasser?« Denn vielleicht hat Ihr Baby gar keinen Hunger, sondern nur Durst – und der sollte dann mit Wasser gestillt werden, nicht mit Milch.

## Das Babyzeichen für »Milch«

Süße, warme Milch gehört zu den Lieblingsgetränken von Babys – und führt doch oft zu Missverständnissen. Gerade wenn Ihr Kind sich nachts meldet und das Zeichen für »Milch« nicht beherrscht, ist häufig Rätselraten angesagt, was das Kind nun möchte oder ob ihm vielleicht doch etwas wehtut. Das hat jetzt ein Ende: Denn mit dem Babyzeichen für »Milch« kann Ihr Kind eindeutig sagen, dass es Hunger hat und seine Flasche möchte.

**1** › Formen Sie eine Hand zu einer lockeren Faust, bei der der Daumen nach oben gestreckt herausragt.

> Nun öffnen und schließen Sie die Faust mehrmals.

> Begleiten Sie das Zeichen dabei mit einem Satz, in dem das Schlüsselwort »Milch« vorkommt, wie etwa: »Möchtest du jetzt deine **Milch**?«

## Das möchte Ihr Baby sagen

Wenn Ihr Baby das Zeichen für »Milch« macht, sollten Sie sich den Wunsch immer mit einer Rückfrage (»Du möchtest deine **Milch**?«) bestätigen lassen. Dann können Sie sicher sein, dass Ihr Kind Ihnen damit sagen möchte:

> Ich möchte Milch trinken.

> Ich sehe ein Glas oder eine Flasche Milch.

## Reime & Spiele rund um die Milch

Und auch zur Milch haben wir ein schönes Gedicht, bei dem Sie Ihrem Kind gleich drei Babyzeichen vormachen können:

> Mitten auf dem Küchentisch
> steht ein Topf mit **Milch** – ganz frisch!
> (Zeichen für »Milch«)
> Naschen möchte da das **Kätzchen**,
> (Zeichen für »Katze«)
> springt hinauf auf leisen Tätzchen,
> Anna (Name Ihres Kindes) kommt herein,
> ruft – oje, die **Milch** ist mein!
> (Zeichen für »Milch«)
> Und die Mama, die muss eilen,
> (Zeichen für »Mama«)
> um die gute **Milch** zu teilen.
> (Zeichen für »Milch«)
> Eine Schüssel für das **Kätzchen**
> (Zeichen für »Katze«)
> und der Rest für dich,
> mein Schätzchen!

> (Christine Kluge)

**WICHTIG**
Milch ist in erster Linie ein Nahrungsmittel und kein Durstlöscher. Je älter Ihr Baby ist, desto mehr braucht es andere gesunde Getränke. Ideal sind zimmerwarmes, stilles Wasser oder mit Wasser verdünnte Fruchtsäfte ohne Extrazucker.

1

# Das Babyzeichen für »Haus«

Ganz egal ob es um ein Haus im Bilderbuch geht oder ob die eigenen vier Wände gemeint sind, Babys ahmen dieses Zeichen gern nach. Denn für sie steht ein Haus für Geborgenheit und Schutz, schließlich wohnen darin ihre wichtigsten Bezugspersonen sowie geliebte Haustiere und natürlich ihr Spielzeug.

1 › Legen Sie die Fingerspitzen aneinander, gerade so, als wollten Sie mit Ihren Händen ein Dach formen.

› Begleiten Sie das Zeichen dabei mit einem Satz, in dem das Schlüsselwort »Haus« vorkommt, wie etwa: »Wir gehen jetzt nach **Hause**!« oder »Schau, dort drüben ist schon das **Haus** von Oma und Opa!«

## Das möchte Ihr Baby sagen

Ob beim Blättern im Bilderbuch oder beim Spazierengehen – Häuser sind einfach überall. Nutzen Sie die Gelegenheit und machen Sie Ihr Kind mithilfe des Babyzeichens immer wieder auf interessante Häuser aufmerksam – schon bald wird es dann von sich aus das Zeichen für »Haus« machen, um Ihnen damit zu sagen:

> › Ich möchte nach Hause.
>
> › Ich sehe ein Haus/viele Häuser draußen.
>
> › Ich sehe ein Haus/viele Häuser im Bilderbuch.

## Reime & Spiele rund ums Haus

Das Haus ist auch bei Reimen und Gedichten sehr gefragt, da sich darauf so lustige Wörter wie Maus oder Saus und Braus reimen. Die folgenden Reime wird Ihr Kind lieben, sobald es laufen kann. Nach einer Weile und vielen Wiederholungen wird es Ihnen Geste für Geste im entsprechenden Zusammenhang zeigen, was alle Familienmitglieder in Entzücken versetzen wird!

> › Brummelbär, der geht spazieren. (halten Sie Ihr Kind an den Händen und gehen Sie mit ihm im Kreis herum)
> Will ein neues Lied probieren.
> Kommt er an ein kleines **Haus,** (Zeichen für »Haus«)
> klopfet an, (an eine fiktive Tür klopfen)
> wer schaut heraus? (Hand über die Augen halten)
> Eine alte Hexe, die rührt im Topf herum. (in einem fiktiven Topf rühren)
> Eine schwarze **Katze**, die macht den Buckel krumm. (Zeichen für »Katze«)
> Eine dicke Kröte, die hüpft im Kreis herum. (hüpfen Sie mit Ihrem Kind im Kreis herum)
> Eine gelbe Rübe, die fällt auf einmal um. (lassen Sie sich zusammen mit Ihrem Kind zu Boden sinken)
> Und die Trommel, und die Trommel,
> die macht bumm, bumm, bumm. (bei jedem »bumm« einmal mit der flachen Hand auf den Boden schlagen)

**TIPP**

Kinder lieben alle Arten von Spielzeughäusern: das Puppenhaus, das kleine Haus aus Plastik im Garten oder ein schnell gebautes Kartonhaus zum Rein- und Rauskrabbeln. Gut geeignet ist dafür eine große Umzugskiste, in die mit einem scharfen Messer zwei Öffnungen für Tür und Fenster herausgeschnitten werden – fertig ist das Haus fürs Baby.

# Fragen aus der Praxis

Hier eine kleine Auswahl der wichtigsten Fragen, wie sie täglich in den Babyzeichen-Zauberhand-Kursen an die Leiterinnen herangetragen werden ...

**Wann kann ich frühestens beginnen, meinem Kind die Babyzeichen beizubringen?**

Es ist weniger das Alter des Kindes relevant als vielmehr seine Freude und sein Interesse, sich über Gesehenes oder Erlebtes auszutauschen. Doch eines ist klar: Erst wenn das Sprachverständnis Ihres Kindes einigermaßen entwickelt ist, kann es die Babyzeichen auch aktiv nutzen. Das ist in der Regel ab Ende des sechsten Monats der Fall. Und grundsätzlich gilt: Je jünger Ihr Kind ist, umso mehr Geduld brauchen Sie, um in den Genuss der ersten Zeichen zu kommen!

**Wird sich durch die Anwendung der Babyzeichen die Sprachentwicklung meines Kindes verzögern?**

Nein! Denn wenn Ihr Kind Babyzeichen benutzt, hat es früher als andere Kinder erfahren, was Kommunikation ausmacht. Es hat erkannt, dass es Spaß macht, sich zu unterhalten – und unabhängig zu sein. Doch sobald Ihr Baby seinen Stimmapparat kontrollieren kann, wird es die Babyzeichen schrittweise ablegen und Worte benutzen!

**Mein Mann und ich sind berufstätig, und unser Baby wird tagsüber betreut. Sollen wir mit unserem Baby trotzdem Babyzeichen einführen?**

Babyzeichen erfordern keine zusätzliche Zeit. Sie werden selbstverständlich im Alltag genutzt und können Ihnen die wertvollen Stunden mit Ihrem Kind verschönern und erleichtern. Vielleicht gelingt es Ihnen und Ihrem Baby, die Tagesmutter oder die Erzieherinnen der Krippe oder Krabbelstube von den Babyzeichen zu überzeugen!

**Mein Baby ist inzwischen 13 Monate alt. Ich zeige ihm Babyzeichen inzwischen seit mehr als sechs Wochen, jedoch ohne Erfolg. Was kann das bedeuten?**

Üben Sie sich in Geduld, denn jedes Kind ist einzigartig und damit anders! Beim Erlernen von Gesten und Wörtern gilt es, große zeitliche Unterschiede zu akzeptieren. Das eine Baby benötigt nur einige Tage, beim anderen kann es bis zu acht Wochen dauern. Beobachten Sie Ihr Baby ganz genau! Vielleicht macht es schon ein Babyzeichen und Sie haben es nur noch nicht erkannt?

Babyzeichen werden von Kinderhänden nämlich oft anders ausgeführt, als wir dies erwarten. Es kann auch sein, dass Ihr Kind gerade mit etwas anderem beschäftigt ist, wie beispielsweise dem Krabbeln oder Laufenlernen. In dieser Phase ist es absolut normal, dass sein Interesse an Kommunikation vorübergehend in den Hintergrund tritt. Doch sobald diese Entwicklung abgeschlossen ist, wird es mit großem Interesse wieder zu den Babyzeichen zurückkehren.

**Mein Kind macht das Zeichen für »Ball« nicht vor dem Körper, sondern immer über dem Kopf. Was soll ich machen?**

Loben Sie Ihr Kind, wenn es das Zeichen macht. Sie zeigen dadurch, dass Sie es verstanden haben. Das ist das Ziel, das mithilfe der Babyzeichen erreicht werden soll. Sie selbst sollten das Zeichen aber richtig ausführen und werden schon bald sehen: Sobald sich die Motorik Ihres Babys weiterentwickelt hat, wird es das Babyzeichen ebenfalls vor dem Körper ausführen!

**Wenn wir die Babyzeichen benutzen, sprechen wir dann nicht viel weniger mit unserem Kind?**

Genau das Gegenteil ist der Fall. Babyzeichen und Worte sind immer als Einheit zu betrachten. Denn Sie sprechen ganze Sätze und zeigen dabei das entsprechende Zeichen zum jeweiligen Schlüsselwort. Eltern, die die Babyzeichen anwenden, sprechen sogar viel bewusster mit ihren Kindern und achten mehr darauf, was sie sagen und wie sie etwas ausdrücken. Darüber hinaus beobachten Eltern ihre »Babyzeichenkinder« aufmerksamer als Eltern, die ausschließlich Worte gebrauchen – und auch von dieser zärtlichen Aufmerksamkeit profitiert Ihr Kind!

**Ist es für mein Kind nicht frustrierend, wenn es Babyzeichen benutzt und dann trotz aller Bemühungen von Außenstehenden nicht verstanden wird?**

Viele Babyzeichen sind sehr eindeutig (also selbstredend) und daher leicht zu deuten. Der neugierige, aber nicht babyzeichenerprobte Opa wird sein Enkelkind mit dem nötigen Einfühlungsvermögen also auch ohne Vorkenntnisse verstehen. Sollten einige Zeichen nicht gleich erkannt werden, so ist das für das Baby keine Katastrophe. Das geübte »Babyzeichenkind« weiß, dass es Spaß macht, mithilfe der Babyzeichen zu kommunizieren, denn es hatte damit schon oft genug Erfolg. Es wird deshalb sicher andere Wege finden, sein Ziel zu erreichen. Und spätestens mit den ersten (undeutlichen) Worten wird Ihr Kind ähnliche Erfahrungen machen.

**1**

## TIPP

Haben Sie keine Angst vor abstrakten Begriffen, zu denen ja auch »mehr« zählt. Ihr Kind wird deren Bedeutung schnell verstehen, ohne sie vor Augen oder in den Händen zu haben. Und es wird nicht lange dauern, bis es das Zeichen mit Begeisterung und auch entsprechend häufig anwendet.

## Das Babyzeichen für »Was?«

Viele Situationen im Babyalltag erfordern dieses Frage-Zeichen: »Was ist los?«, »Was fehlt dir?« oder »Was möchtest du?« sind nur einige Beispiele, wie Sie diese Geste einsetzen können und so endlich erfahren, warum Ihr Baby weint oder quengelt. Und keine Sorge: Ihr Kind wird Ihnen dann mithilfe der Babyzeichen schnell die entsprechende Antwort geben – lassen Sie sich einfach überraschen!

> › Strecken Sie beide Unterarme nach vorn und drehen Sie die Handflächen nach oben.

**1** › Bewegen Sie nun die Hände einige Male nach rechts und links und unterstützen Sie das Zeichen mit einem fragenden Gesichtsausdruck.

> › Begleiten Sie das Zeichen dabei mit einem Satz, in dem das Schlüsselwort »Was?« vorkommt, wie etwa: »**Was** ist los?«, »**Was** fehlt dir?« oder »**Was** möchtest du?«

## Das möchte Ihr Baby sagen

Nicht nur Sie als Eltern werden dieses Zeichen benutzen – auch Ihr Kind hat sicher die eine oder andere Frage, die es nun an Sie stellen kann, wobei es das Zeichen für »Was?« wahrscheinlich immer wieder mit anderen bekannten Zeichen kombinieren wird.

> › Was ist los?

> › Was ist das?

> › Wie geht das (Zeichen dafür)?

> › Was macht die Puppe (der Hund, der Vogel ...)?

## Spiele rund um das Frage-Zeichen »Was?«

Sicher können Sie sich noch an Ihre eigene Kinderzeit und das – vor allem bei langweiligen Autofahrten – beliebte Spiel »Ich sehe was, was du nicht siehst!« erinnern. Jetzt bekommt das Ganze ein neues Gesicht. Denn mit dieser Variante des Versteckspielens können Sie Ihrem Kind spielerisch die Bedeutung und Anwendung des Babyzeichens für »Was?« beibringen:

> › Bedecken Sie beispielsweise einen größeren Ball mit einem dünnen Tuch, sodass Ihr Baby die Form des Balls noch gut erkennen kann. Fragen Sie nun Ihr Kind, was sich unter dem Tuch befinden könnte: »**Was** liegt unter dem Tuch?« und machen das entsprechende Zeichen dazu. Bei den ersten Spielversuchen wird Ihr Kind das Tuch vermutlich noch wegziehen, um ganz sicher zu sein, dass sich der Ball darunter befindet. Mit zunehmender Spielerfahrung weiß Ihr Baby aber bald auch ohne nachzusehen ganz genau, was es darunter finden wird: Freudestrahlend wird es Ihnen dann das entsprechende Babyzeichen für »Ball« zeigen.

> › Gut klappt dieses Spiel aber auch mit einem Spielzeugauto, einer Stoffkatze oder einem Stoffhund, wobei Sie die Identifizierung mit dem entsprechenden »Sound« (»Brrmmm, brmmm« beziehungsweise »Miau« oder »Wauwau«) begleiten können.

**TIPP**

Ihr Kind wird das Zeichen für »Was?« auch häufig im Sinne von »Wie?« verwenden. Doch keine Sorge – den kleinen Unterschied finden Sie im entsprechenden Zusammenhang schnell heraus.

## »WO IST MEIN SCHATZ?«

Ein einfaches und dabei heiß geliebtes Spiel ist die Suche nach dem Baby auf dem Wickeltisch. Dafür muss Ihr Kind sich lediglich »selbst verstecken«, indem es sich die Augen zuhält. Auf Ihre Frage »**Wo** ist mein Schatz denn hin verschwunden?« (das Zeichen für »Wo?« zeigen) wird es die Hände von den Augen reißen und überglücklich ein lautes »Da!« rufen. Und natürlich müssen Sie sich über das wieder gefundene Kind nun ausführlich freuen!

## Das Babyzeichen für »Wo?«

Das Frage-Zeichen für »Wo?« werden Sie im Babyalltag ebenfalls sehr oft brauchen, denn wie oft kommt es vor, dass ein Spielzeug plötzlich wie vom Erdboden verschluckt ist, der geliebte Schnuller oder die Trinkflasche unauffindbar sind. In diesen Fällen kann es sehr hilfreich sein, Ihr Kind konkret danach zu fragen.

**1** › Winkeln Sie beide Arme an, nehmen Sie sie seitlich an den Körper und drehen Sie die Handflächen nach oben. Die Fingerspitzen zeigen nach außen-hinten.

› Ziehen Sie die Schultern etwas nach oben und unterstützen Sie das Zeichen mit einem fragenden Gesichtsausdruck.

› Begleiten Sie das Zeichen dabei mit einem Satz, in dem das Schlüsselwort »Wo?« vorkommt, wie etwa: »**Wo** ist dein Spielzeug (der Schnuller, die Trinkflasche …)?«, »**Wo** ist Mama?« oder »**Wo** ist Papa?«

## Das möchte Ihr Baby sagen

Auch dieses Frage-Zeichen wird Ihr Kind häufig benutzen. Denn immer wenn es etwas haben möchte und nicht findet beziehungsweise nicht weiß, wo es suchen soll, kann es Sie nun danach fragen. Das Zeichen Ihres Kindes können Sie beispielsweise so deuten:

> › Wo ist mein Spielzeug (mein Schnuller, die Trinkflasche ...)?
>
> › Wo ist die Mama?
>
> › Wo ist der Papa?

## Spiele rund ums Frage-Zeichen »Wo?«

Beim Versteckspielen können Sie nicht nur das Erinnerungsvermögen Ihres Kindes anregen, sondern auch ganz nebenbei das Zeichen für »Wo?« üben. Bei den Kleinen klappt das am besten, indem man vor ihren Augen ein Spielzeug einfach mit einem Tuch bedeckt und dann fragt: »Wo ist die Puppe (der Bauklotz ...)?« Ihr Baby wird schnell das Tuch wegziehen und sich diebisch freuen, dass es so erfolgreich war.

Babys lieben es aber auch, wenn Sie sich selbst unter einem durchsichtigen Tuch verstecken und es Sie wieder »entdecken« darf. Fragen Sie Ihr Kind: »Wo ist denn die Mama?« Nachdem es das Tuch weggezogen hat, sagen Sie »Da ist die Mama wieder« und zeigen das Babyzeichen dazu. Ganz neugierige Babys lassen sich ebenfalls gern mal verschwinden, wollen dann aber schnell wieder gefunden werden.

Ab dem neunten Monat wird Ihr Kind immer mobiler und kann sich schon sehr gut an Gegenstände erinnern, die Sie vor seinen Augen haben verschwinden lassen.

> › Zeigen Sie Ihrem Kind verschiedene Spielzeuge und machen Sie jeweils das Babyzeichen dazu. Anschließend verstecken Sie vor seinen Augen den Ball unter einem Kissen, das Auto unter dem Schrank und das Püppchen unter einer Decke.
>
> › Nun fragen Sie Ihr Kind mit den passenden Gesten: »**Wo** ist dein **Ball**?«, »**Wo** ist dein **Auto**?« und »**Wo** ist deine **Puppe**?« Ihr Kind wird die Gegenstände suchen und sie Ihnen bringen.

**TIPP**

Manchmal ist es verblüffend, woran sich sogar Einjährige schon erinnern können – es lohnt sich also, auch beim Baby einmal nachzufragen, wenn Sie einen Handschuh, einen Gürtel oder Ähnliches vermissen. Häufig kann Ihr Baby Sie dann zum Gesuchten führen und freut sich natürlich riesig über ein Lob von Ihnen.

# So verwenden Sie die Bildkärtchen

Damit Sie die neu erlernten Zeichen noch vielseitiger anwenden können, finden Sie auf der letzten Seite einen Folder, der aus mehreren zusammenhängenden Bildkärtchen besteht. Sie zeigen eine Auswahl wichtiger Babyzeichen, die Sie im Alltag oft gebrauchen werden. Jede der Karten enthält auf der Vorderseite ein Foto und einen Text, die die Geste zeigen und beschreiben, und auf der Rückseite eine Illustration dessen, was gezeigt wird. Natürlich können Sie den Folder als kleine Erinnerungshilfe für sich und andere Familienmitglieder über den Wickeltisch hängen oder die einzelnen Karten in Fotoclip-Haltern an passenden Plätzen in der Wohnung verteilen. Doch viel mehr Spaß macht es, die Kärtchen für verschiedene Spiele zu verwenden. Dafür schneiden Sie diese an der dafür vorgesehenen Linie auseinander, sodass Ihnen insgesamt zehn einzelne Bildkarten vorliegen. Mit ihnen lassen sich schon mit den ganz Kleinen erste Spiele veranstalten, bei denen die ganze Familie mitmachen kann und die unglaublich viel Spaß machen ...

### Bilderbuch für Groß und Klein

Wie wäre es, wenn Sie die Babyzeichenkarten mal als eine Art Bilderbuch verwenden? Der große Vorteil dabei ist, dass Ihr Kind die Zeichen bereits kennengelernt hat und daher auch mit den Inhalten vertraut ist. Und genau das macht den Kleinen großen Spaß, da sie nun endlich einmal zeigen können, was sie schon alles wissen. Nehmen Sie dafür die Karten einzeln zur Hand und sehen Sie sich gemeinsam mit Ihrem Kind die Illustrationen an. Führen Sie parallel dazu die entsprechende Geste aus. Dabei ist wichtig, dass Ihr Kind, wie auf Seite 53 beschrieben, die Zeichen gut sehen kann. Nun können Sie mit Ihrem Baby eine Art Frage-Antwort-Spiel spielen, bei dem Ihr Baby auf Ihre Frage (zum Beispiel »Was ist denn das für ein Tier?«) mit dem entsprechenden Zeichen antworten kann. Unsere Erfahrung hat aber auch gezeigt, dass Babys gern Bilder von anderen Babys oder Kindern ansehen, wie sie auf der Rückseite der Karten abgebildet sind. Und natürlich schauen sie sich dabei von den Gleichaltrigen schon das eine oder andere beziehungsweise die eine oder andere Geste ab ...

### Baby-Memory mit Spaßfaktor!

Es klingt beinahe unglaublich, aber auch die ganz Kleinen können mithilfe der Bildkärtchen schon eine Art Memory spielen!

Suchen Sie einige wenige Karten aus, für die Ihr Baby bereits das entsprechende Zeichen kennt, und legen Sie diese mit der Illustration nach oben auf den Boden oder den Tisch. Platzieren Sie die Karten dabei so, dass Ihr Kind die Karten von vorne sehen kann. Fragen Sie Ihr Baby dann beispielsweise »Wo ist das **Haus**?« oder »Kannst du mir zeigen, wo die **Katze** ist?«. Begleiten Sie Ihre Frage mit der/den entsprechenden Geste/-n. Schon bald wird Ihr Kind auf die richtige Karte deuten oder sie Ihnen überreichen. Je mehr Zeichen und Begriffe Ihr Kind kennt, umso unfangreicher kann das Memory im Laufe der Zeit werden und umso anspruchsvoller wird das ganze Spiel. Alternativ legen Sie die Karten verdeckt auf den Tisch, und Ihr Kind darf eines der Kärtchen aufdecken. Daraufhin bestätigen Sie das, was Ihr Kind sieht, mit Worten und der entsprechenden Geste: »Ja, das ist das **Haus** (der **Ball**, das **Auto** ...)!«
Übrigens ist das auch eine gute Gelegenheit für flotte Könner, neue Zeichen nebenbei und mit viel Spaß zu erlernen und zu festigen. Fragen Sie Ihr Kind dafür: »Kannst du mir mit deinen Händchen auch einmal das Zeichen für **Haus** (**Ball**, **Auto** ...) zeigen? Schau, das geht so!« (Sie machen Ihrem Kind das neue Zeichen vor.) Schon bald wird Ihr Baby Ihnen stolz mit dem neuen Zeichen antworten.

**Unser Tipp:** Wenn Sie gezielt ein bestimmtes Zeichen neu einführen möchten (wie zum Beispiel **Auto**), sollten Sie die entsprechende Karte gut sichtbar platzieren, sodass Ihr Blick und auch der Ihres Kindes möglichst oft darauf fällt. Das ist beispielsweise häufig an der Kühlschranktür oder in der Nähe der Spielzeugkiste der Fall. Schon bald wird Ihr Baby das Zeichen von sich aus zeigen, wann immer sein Blick auf die Karte fällt.

### Kärtchen für die »Ewigkeit«

Es hat sich bewährt, die herausgetrennten Bildkärtchen einzeln zu laminieren und damit »babyfest«, da nahezu unkaputtbar zu machen. Sie lassen sich dann prima überall mithinnehmen und können sowohl im Garten als auch bei Oma und Opa als Bilderbuch oder Memory zum Einsatz kommen, ohne dabei schmutzig zu werden oder Knabberspuren aufzuweisen. Und wenn sich doch mal ein Schmutzfinger darauf verirrt hat, einfach schnell abwischen – fertig! Mit den wasserfesten Kärtchen ergeben sich dann noch ganz andere, ungeahnte Einsatzmöglichkeiten: Wie wäre es mit dem kleinen Ratequiz »Was ist auf der Karte zu sehen?«, während Ihr Baby in der Wanne sitzt? Dort lassen sich dann ja auch die Zeichen für »Wasser« und »Entchen« besonders gut üben und umsetzen.

# Der Übergang vom Zeigen zum Sprechen

Irgendwann ist es dann so weit: Die bis dahin viel praktizierten Babyzeichen verlieren für Ihr Kind mehr und mehr an Bedeutung, da es sie immer häufiger durch gesprochene Wörter ersetzen kann. Intuitiv werden dann auch Sie immer öfter ausschließlich Worte gebrauchen, um Ihrem Kind etwas mitzuteilen. Dieser Übergang vom Zeigen zum Sprechen verläuft fließend und geht in der Regel folgendermaßen vonstatten:

> Vom reinen Babyzeichenbeobachter wird Ihr Kind zuerst zum aktiven Babyzeichenbenutzer. Denn es wendet für einen bestimmten Gegenstand oder eine Tätigkeit in der dazu passenden Situation das entsprechende Zeichen an.

> Schließlich entwickelt es sich zum Experten in Sachen Zeichensprache und erweitert Schritt für Schritt sein Repertoire. Dabei kann sein Wortschatz an Babyzeichen erstaunlich große Dimensionen annehmen.

> Möglicherweise wird Ihr Kind auch mehrere Zeichen miteinander verbinden, wie beispielsweise »mehr« und »trinken« oder »Wo?« (ist der) und »Ball«, was eine für dieses Alter bemerkenswerte Leistung darstellt!

> Irgendwann beginnt Ihr Kind schließlich seine ersten Worte zu sprechen. Sie klingen anfangs meist noch recht unverständlich (wie zum Beispiel »ba« für Ball) und sind oft nur für Eingeweihte zu verstehen.

## Worte werden immer wichtiger

Im Laufe der Zeit nimmt die Sprachkompetenz Ihres Kindes immer mehr zu: Das Gesagte klingt allmählich verständlicher, und wenige Wörter werden sogar schon zu ersten kleinen Sätzen verbunden. Ihr Kind hat mit dieser Art der Kommunikation Erfolg und erfährt so, dass es sich auch mit Worten ausdrücken kann und verstanden wird.

Von nun an treten die Babyzeichen mehr und mehr in den Hintergrund. Denn je besser seine sprachlichen Fähigkeiten werden, umso seltener benutzt Ihr Kind parallel zu den Worten die Babyzeichen, bis sie schließlich ganz aus seinem Leben verschwinden.

**IM NOTFALL: BABY-ZEICHENSPRACHE**

Babyzeichen unterstützen das Sprechen lernen. Das heißt: Selbst wenn Ihr Kind schon seine ersten, meist noch schwer verständlichen Worte spricht, wird es die Zeichen weiterhin benutzen. Denn es kann sich durch sie in dieser Phase schon viel deutlicher ausdrücken als dies mit Worten möglich wäre.

### Babyzeichen und Worte – passt das zusammen?

In der Übergangsphase, in der Kinder noch Babyzeichen zeigen, gleichzeitig aber auch schon ihre ersten Worte sprechen, fragen sich viele Eltern immer wieder, ob es sinnvoll ist, mit den Babyzeichen weiterzumachen.

Unsere Antwort lautet: »Ja, es ist durchaus sinnvoll.« Denn die ersten Worte sind meist noch nicht klar verständlich, und die meisten Eltern raten mehr, als dass sie wissen, was ihr Kind gerade sagt. Die Praxis zeigt, dass die Babyzeichen in dieser Phase dem Kind weiterhin dabei helfen, die Bedeutung seiner ersten Worte deutlicher zum Ausdruck zu bringen. Dazu ein Beispiel: Während eines Spaziergangs mit ihrer Mama sitzt die kleine Charlotte im Kinderwagen und sagt: »Wa!« Da ihre Mutter nicht weiß, was Charlotte damit meint, schaut sie ihre Tochter an und fragt nochmals nach: »Was hast du gesehen?« und begleitet die Frage mit dem Zeichen für »Was?«. Daraufhin zeigt ihr Charlotte das Zeichen für Hund und deutet begeistert in die Richtung, in der sie den Vierbeiner gesehen hat.

### Manchmal wieder zurück zu Vertrautem

Eltern von »Babyzeichenkindern« beobachten im Alltag immer wieder Folgendes: Selbst wenn ihre Kinder schon gut sprechen können und Zweiwort- oder ganze Sätze beherrschen, kommt es dennoch häufig vor, dass sie in bestimmten Situationen gern mal wieder auf die Babyzeichen zurückgreifen. Meist ist dies der Fall, wenn sie sehr aufgeregt sind oder wenn etwas sehr schnell gehen soll. Dann fehlen ihnen zwar die passenden Worte, doch die Gesten sind abrufbar. Die Kinder zeigen dann häufig eine oder mehrere vertraute Gesten und können sich so in der Stresssituation verständlich machen. Aber auch wenn es Kindern nicht gelingt, ein besonders schwieriges Wort verständlich auszudrücken – wie zum Beispiel Krokodil oder Brücke –, kehren sie oft wieder zu den vertrauten Gesten zurück. Sie ergänzen dann einfach das im Moment noch unaussprechliche Wort im Satz mit der passenden Geste. Diese Rückkehr zum Vertrauten ist eine wichtige Hilfestellung für die kleinen Sprachkünstler.

**HILFE FÜR NICHT-EINGEWEIHTE**

Meist beherrschen Eltern den Sprach-Code Ihrer Babys perfekt – Sie wissen genau, was die Kleinen mit den ersten, noch undeutlichen Silben bezeichnen. Doch für Omas, Opas & Co. ist die Babysprache kaum zu knacken. Hier helfen die plakativen Babyzeichen weiter, da sie die ersten Sprachversuche »sichtbar« machen.

# Vom Erzählen, Vorlesen und von magischen Zeichen

**Wohlbehütet auf dem Schoß** der Stimme von Mama oder Papa beim Erzählen und Vorlesen lauschen – das lieben alle Babys und Kinder. Die Augen Ihres Kindes werden aber noch größer, wenn Sie die Figuren einer Geschichte oder die Bilder eines Büchleins nicht nur mit Worten, sondern auch mit Babyzeichen beschreiben. Damit lässt sich die Aufmerksamkeit Ihres Kindes um ein Vielfaches steigern, sodass selbst kleine Zappelphilippe für einen längeren Zeitraum gern einmal still sitzen.

## Leselust von Anfang an

Sie fördern damit auch die spätere Leselust Ihres Kindes, denn Lesen beginnt schon viel früher als mit dem Entziffern von Buchstaben: Wenn Ihr Kind gespannt Ihren Geschichten lauscht und dabei magische Bilder in seinem kleinen Köpfchen entstehen, dann ist das fast immer der Beginn einer großen und lebenslangen Liebe zu Geschichten und Büchern.

## Erzählen – ein fast vergessenes Ritual ...

Früher, als es weder Fernsehen noch Radio gab und Bücher rar waren, mussten sich Eltern und Großeltern viel mehr in ihrer Erzählkunst üben, als dies heute der Fall ist. Denn damals stand kein Medium wie etwa eine Hörspiel-CD oder der Fernseher als Vermittler zwischen den Erwachsenen und dem Kind zur Verfügung. Das war zwar zeitintensiv, hatte aber auch viele Vorteile. Denn der Erzähler konnte immer sofort erkennen, wie es um die Stimmung seines kleinen Zuhörers bestellt war. Und er konnte entsprechend reagieren, indem er beispielsweise immer genau die Stellen der Geschichte ausschmückte, die dem Kind offenbar die größte Freude bereiteten. Wenn er jedoch bemerkte, dass das Kind sich fürchtete, konnte er an den entsprechenden Stellen ebenso gut Schärfe und Spannung herausnehmen. Alltägliches wurde – je nach Alter und Wissensstand – beim Erzählen in mehr oder weniger leicht verständliche Worte gefasst, und damit zu etwas Besonderem.

### ... das Sie wieder(er)finden sollten

All dies kann natürlich auch im Zeitalter der Medien noch stattfinden, denn das eine schließt das andere nicht aus. Doch Sie müssen nun kreativ werden und eigene, kleine Geschichten erfinden beziehungsweise bekannte Geschichten auf Ihre ganz persönliche Art nacherzählen. Natürlich können Sie dabei auch unterschiedliche Stimmlagen einsetzen und damit Ihrem Kind pures Vergnügen beim Zuhören bereiten. Auf der folgenden Seite eine kleine Geschichte als »Anregung«, die Sie gern noch je nach Alter und Wissensstand der Zuhörer ausschmücken dürfen.

**JEDEN TAG EINE NEUE GESCHICHTE**

Reale Geschichte mit Bezug zu Ihrem Kind gesucht? Dann lassen Sie abends vor dem Einschlafen den Tag mit Ihrem Kind noch einmal Revue passieren. Kinder lieben diese Art, sich zu erinnern, und wahrscheinlich wird Ihr Kind Sie bitten, den einen oder anderen Aspekt noch einmal zu erzählen, weil es sooo aufregend schön war.

Eines von unzähligen Beispielen:
Die Geschichte vom kleinen Kätzchen Miau

Das **Kätzchen** Miau (Zeichen für »Katze«) war noch ganz klein und konnte gerade erst laufen. Eines Tages ging Miau (Zeichen für »Katze«) spazieren. Es beobachtete die **Vögel** (Zeichen für »Vogel«) und die **Enten** (Zeichen für »Ente«) im **Wasser** (Zeichen für »Wasser«). Doch plötzlich ... bekam das kleine **Kätzchen** (Zeichen für »Katze«) einen furchtbaren Schreck und sprang mit einem Satz hinter einen dicken Baum. Zitternd schloss es seine Augen und machte sich ganz klein. Dem kleinen **Kätzchen** (Zeichen für »Katze«) klapperten die Zähne, und es schlotterte an allen vier Beinen. Da hörte Miau ein leises Rascheln, das auf es zukam, und es hielt die Luft an ... Als lange Zeit nichts mehr passierte, wagte es das **Kätzchen** (Zeichen für »Katze«) seine Augen zu öffnen. Da sah es in zwei glühende Augen, die es wütend anstarrten. Plötzlich hörte Miau ein grimmiges Miauen, das ihm jedoch sehr bekannt vorkam. »Samtpfötchen, bist du das?«, rief das **Kätzchen** Miau (Zeichen für »Katze«) erleichtert, »wie hast du mich erschreckt!«

»Man wird sich doch noch sein **Essen** (Zeichen für »essen«) fangen dürfen«, erwiderte Miaus großer Bruder beleidigt und etwas verärgert. »Jetzt hast du mir mit deinem Zähneklappern mein Mäuse-Abendbrot verjagt!«

## ERZÄHLKUNST – LEICHT GEMACHT

Auch wenn es Ihnen vielleicht übertrieben erscheint: Würzen Sie diese oder eine selbst erfundene Geschichte immer mit einer großen Portion Spannung in Ihrer Stimme, die Sie mal lauter, mal leiser einsetzen sollten. Erleben Sie die Geschichten in Ihrer Mimik mit und scheuen Sie sich nicht, sie lautmalerisch auszugestalten, denn Kinder lieben genau das.

# Eine gute Kombination: Bilderbücher anschauen und erzählen

Sobald Ihr Kind gut auf Ihrem Schoß sitzen kann, sollten Sie es mit den ersten Bilderbüchern vertraut machen. Schon für die ganz Kleinen gibt es wunderbare Stoff-, Tast- und sogar Badebilderbücher (siehe Bücher, die weiterhelfen, ab Seite 123). Selbst Bilderbücher ohne Text fördern die Sprachentwicklung, vorausgesetzt Sie benennen die darin abgebildeten Gegenstände und erzählen Ihrem Kind etwas dazu. Wenn Sie dann noch die entsprechenden Babyzeichen dazu machen, wird Ihr Kind das Buch noch umso mehr lieben. Selbstverständlich können Sie auch hier wieder kleine Geschichten rund ums Bilderbuch erfinden.

## Lesen als Frage-Antwort-Spiel

Wie wichtig das frühe Vorlesen für die Sprachentwicklung von Kindern ist, belegen viele Untersuchungen, die weltweit durchgeführt wurden. Dieser positive Effekt lässt sich sogar noch verstärken, wenn Eltern das sogenannte »Dialogic Reading« nutzen, also beim Vorlesen zusätzlich Fragen zum Buch stellen. Zu diesem Ergebnis kamen Forscher der Universität von New York. Hier nun ein Beispiel, wie Sie Babyzeichen und »Dialogic Reading« bei Ihrem Kind anwenden können:

> Suchen Sie sich ein Büchlein aus, in dem viele Abbildungen zu sehen sind, zu denen Sie und Ihr Kind die Babyzeichen kennen (siehe dazu Bücher, die weiterhelfen, ab Seite 122).

> Beschreiben Sie Ihrem Kind die Bilder und machen Sie die entsprechenden Babyzeichen dazu.

> Dann stellen Sie Ihrem Kind zunächst einige Wo-Fragen und bringen dabei die bereits bekannten Babyzeichen zum Einsatz: »Wo ist der **Hund** (die **Katze**, das **Auto**, der **Ball**, die **Puppe** etc.)?« Ihr Kind wird nach dem Gefragten suchen und mit einem »Da!« mit seinem Fingerchen darauf zeigen.

> Beherrscht Ihr Kind die Zeichen, können Sie ihm weitere Fragen stellen: »Was siehst du da?« oder »Was macht die **Puppe** (die **Katze**, der **Vogel** etc.)?« Dann wird es Ihnen die entsprechenden Gesten zeigen, wie zum Beispiel »Puppe« und »schlafen« – eine Antwort, die Sie ausführlich loben sollten. Und schon bald wird Ihnen Ihr Kind sein Bilderbuch »vorlesen«.

### GELEGENHEIT MACHT LESER

Papp-Bilderbücher müssen nicht immer im Regal stehen! Wenn sie einfach so herumliegen oder in sich in der Spielkiste finden, laden sie Ihr Kind regelrecht zum alleinigen Schmökern ein.

## Gute Aussichten für kleine Lesefans

Kinder, die mit dem Vorlesen und dem Umgang mit Büchern vertraut sind, werden irgendwann selbst zu Leseratten. Hinzu kommt, dass sich bei Kindern, denen erzählt und vorgelesen wurde, später ein sicheres Gefühl für Sprache entwickelt. Denn sie konnten beim Zuhören lustvoll und ohne jede Anstrengung die Sprache erlernen. Ihnen haben sich komplexe Satzmuster in unzähligen Varianten eingeprägt, denn jeder Erzähler und Autor hat seinen eigenen Stil. Es kann neue Wörter und Ausdrücke aus dem Kontext erschließen und in seinen Wortschatz aufnehmen.

# Bücher, die weiterhelfen

Acredolo, Linda/Goodwyn, Susan:
**Baby Brain. Spielerisches Lerntraining
für Ihr Baby;**
Hugendubel Verlag (Ariston), Kreuzlingen/
München

Acredolo, Linda/Goodwyn, Susan:
**Baby-Sprache.** Wie Sie sich mit Ihrem
Kleinkind unterhalten können, bevor es
sprechen lernt;
Rowohlt Verlag, Reinbek bei Hamburg

Fritsche, Olaf/Kestner, Karin:
**Diagnose hörgeschädigt.** Was Eltern
hörgeschädigter Kinder wissen sollten;
Verlag Karin Kestner, Guxhagen

Hassenstein, Bernhard/Helma:
**Kindern geben, was sie brauchen;**
Herder Spektrum, Freiburg

Hellbrügge, Theodor/von Wimpffen, J. Hermann:
**Die ersten 365 Tage im Leben eines Kindes;**
Knaur Verlag, München

Hogg, Tracy/Blau, Melinda:
**Babyflüsterer.** Lernen Sie die Sprache Ihres
Kindes verstehen;
Goldmann, München

Kielhöfer, Bernd/Jonekeit, Sylvie:
**Zweisprachige Kindererziehung;**
Stauffenburg Verlag, Tübingen

König, Vivian:
**Das große Buch der Babyzeichen.** Mit Babys
kommunizieren bevor sie sprechen können;
Verlag Karin Kestner, Guxhagen

Largo, Remo H.:
**Babyjahre. Die frühkindliche Entwicklung
aus biologischer Sicht;**
Piper Verlag, München

Mehr Zeit für Kinder e. V./
Barmer Ersatzkasse (Hrsg.):
**Sprich mit mir!** Tipps, Ideen, Informationen und
viele Spiele zur Förderung der Sprachentwicklung;

Möller, Eva:
**Bilderbuch der BabyHandzeichen.**
Gemeinsam die Babyzeichensprache entdecken
und erlernen;
Selbstverlag, Berlin

Riji, Hetty van de/Plooij, Frans, X.:
**Oje, ich wachse!** Von den acht »Sprüngen« in
der mentalen Entwicklung Ihres Kindes während
der ersten 14 Monate Ihres Babys;
Goldmann, München

Szagun, Gisela:
**Sprachentwicklung beim Kind. Ein Lehrbuch;**
Beltz-Verlag, Weinheim und Basel

Volmert, Julia/Szesny, Susanne:
**Der Zauberrabe oder Richtig gut sprechen
lernen macht Spaß;**
Albarello-Verlag, Wuppertal

Prof. Dr. Wilken, Etta:
**Unterstützte Kommunikation:** Eine Einführung
in Theorie und Praxis;
Kohlhammer Verlag, Stuttgart

## BABY SIGNS –
## IN ENGLISCHER SPRACHE

Acredolo, Linda/Goodwyn, Susan:
**Baby Signs.** How to Talk with Your Baby Before
Your Baby Can Talk;
McGraw-Hill Higher Education

Garcia, Joseph:
**Sign with Your Baby.** How to Communicate
with Infants Before They Can Speak;
Northlight Communications

## AUSWAHL AN KINDERBÜCHER, BEI DENEN DIE BABYZEICHEN ANWENDBAR SIND:

### Für Babys ab dem 6. Monat:

Neubacher-Fesser, Monika u. a.:
**Mein erstes Fühlbuch; Mein erstes Tierbuch;**
Ravensburger Buchverlag

### Für ältere Babys:

Austermann, Marianne/Wohlleben, Gesa:
**Zehn kleine Krabbelfinger;**
Kösel Verlag, München

Bliesener, Klaus:
**Meine ersten Kinderlieder;**
Ravensburger Buchverlag

Bruckner, Bernd:
**Fingerspiele: Klassiker und neue Ideen für Babys und Kleinkinder;**
Heyne Verlag, München

Jöker, Detlev:
**Ich bin der kleine Zappelmann.** Neue Finger-spiellieder und Fingerspiele für die Kleinsten und Kindergartenkinder, Buch, CD und MC;
Menschenkinder Verlag, Münster

Scharff-Kniemeyer, Marlis, u. a.:
**Meine ersten Gute-Nacht-Geschichten;**
Ravensburger Buchverlag

Senner, Katja:
**Meine ersten Fingerspiele;**
Ravensburger Buchverlag

Volmert, Julia:
**Erstes Sprechen mit Fridolin Maus.**
Spielend lernen und entdecken;
Albarello-Verlag, Wuppertal

## BÜCHER AUS DEM GRÄFE UND UNZER VERLAG, MÜNCHEN:

Cramm, Dagmar von/Schmidt, Eberhard:
**Unser Baby. Das erste Jahr.**
Ernährung – Gesundheit – Pflege

Gebauer-Sesterhenn, Birgit/Dr. med. Praun, Manfred :
**Das große GU Baby Buch.** Monat für Monat Babys Entwicklung begleiten. Konkrete Hilfe bei Problemen. Die Signale des Babys richtig deuten

Gillessen, Rainer/Huft, Gerald W./ Lehner, Sonja:
**300 Fragen zum Baby.** Alles was, Eltern wissen müssen. Praktische Tipps für das erste Jahr

Prof. Dr. Hüther, Gerald/Nitsch, Cornelia:
**Wie aus Kindern glückliche Erwachsene werden**

Kunze, Petra/Salamander, Catharina:
**Die schönsten Rituale für Kinder**

Nitsch, Cornelia/Prof. Dr. Hüther, Gerald :
**Kinder gezielt fördern.** So entwickeln sich Kinder spielerisch

Nolden, Annette:
**Baby Kalender.** Der Begleiter für das spannende erste Jahr

Pulkkinen, Anne:
**PEKiP. Babys spielerisch fördern.**
Fähigkeiten erkennen und optimal unterstützen. Die schönsten Spiele für das erste Jahr

# Adressen, die weiterhelfen

## BABYZEICHENKURSE IN DEUTSCHLAND

### Babyzeichen Zauberhand

Simone Astolfi, Susanne Weidenhausen, Wolfsgangstraße 68, 60322 Frankfurt/Main
www.babyzeichen-zauberhand.de

### BabySignal

Dipl.-Päd. Wiebke Gericke, Steenwisch 26, 22527 Hamburg, www.babysignal.de

### Babyhandzeichen

Eva Möller, Hielscherstraße 25, 13158 Berlin
www.babyhandzeichen.de

### Babyhände

Vivian Burgarth, Hinter der Mühle 16
21635 Jork, www.baby-haende.de

### Hebammenpraxis Sonnenstrahl

Wallenburger Straße 16a, 83714 Miesbach
www.hebammenpraxis-sonnenstrahl.de

### Kinder Kompetenz Center

Margit Schelper, Dr.-August-Wolfstieg-Straße 35, 38304 Wolfenbüttel, www.signs4kids.de

### Kleine Hände

Sabine Engelmann-Brunner, Kolpingweg 5e, 52389 Niederzier, www.kleine-haende.info

### Sinneswandel

Zentrum für Persönlichkeitsentwicklung und Entspannung, Katrin Hagemann, Hohenzollernstraße 15, 40211 Düsseldorf
www.sinneswandelweb.de

### Zwergensprache GmbH

Vivian König, Schkeuditzer Straße 10, 04420 Markranstädt, www.babyzeichensprache.com

## INFOS ÜBER BABYZEICHENKURSE IN ÖSTERREICH UND DER SCHWEIZ

### Österreichischer Gehörlosenbund

Waldgasse 13/2, A-1100 Wien, www.oeglb.at
sowie
www.zwergensprache.at

### In der Schweiz:

www.gymboree.ch
www.zwergensprache.ch
www.Babyhandzeichen.ch

## INFOS ZUR GEBÄRDENSPRACHE FÜR GEHÖRLOSE UND HÖRGESCHÄDIGTE

www.taubenschlag.de

### Makaton Deutschland e. V.

Gudrun Siegel, Sertoriusring 18, 55126 Mainz
makaton@gmx.de

### Hilfe für Eltern mit Schreibabys:

### Sprechstunde für Schreibabys, Kinderzentrum München

Heiglhoferstraße 63, 81377 München,
Tel.: 0 89-71 00 93-30, sowie www.trostreich.de
Unter der Rubrik »Service« finden Sie dort Adressen von Beratungsstellen und Praxen für Eltern mit Schreibabys in Deutschland, Österreich und der Schweiz.

# Register

# Zeichen-Register

# Impressum

**Programmleitung:** Ulrich Ehrlenspiel

**Redaktion:** Christine Kluge

**Lektorat:** idee & text, Gabriele Heßmann

**Layout:** independent Medien-Design
(Claudia Hautkappe)

**Herstellung:** Petra Roth

**Satz:** Christopher Hammond, München

**Reproduktion:** Repro Ludwig, Zell am See

**Druck:** Firmengruppe APPL, aprinta druck,
Wemding

**Bindung:** Firmengruppe APPL, sellier druck,
Freising

ISBN 978-3-8338-1039-8

1. Auflage 2008

Die GU-Homepage finden Sie im Internet unter
www.gu-online.de

GRÄFE
UND
UNZER

*Ein Unternehmen der*
GANSKE VERLAGSGRUPPE

## Bildnachweis

Fotoproduktion: Antje Anders

Weitere Fotos: Getty: U1, U4, S. 38;
GU: Sandra Seckinger: S. 13, 22, 35, 67

Illustrationen: Sascha Wuillemet

## Umwelthinweis

Dieses Buch wurde auf chlorfrei gebleichtem Pa-
pier gedruckt. Um Rohstoffe zu sparen, haben wir
auf Folienverpackung verzichtet.

## Dank

Ein herzliches Dankeschön für die hervorragende
Zusammenarbeit an die beiden Fachfrauen Simone Astolfi und Susanne Weidenhausen, an meine
Redakteurinnen Silvia Herzog und Christine
Kluge, an meine Lektorin Gabi Heßmann sowie an
das Fototeam von Antje Anders. Ganz besonders
möchte ich mich auch bei den geduldigen Mamas
und ihren süßen kleinen Models bedanken!

Für die freundliche Unterstützung der Fotopro-
duktion ein Dankeschön an: Betten Rid, München;
C&A, München; Petit Bateau, München;
Servus Heimat, München

## Wichtiger Hinweis

Die Gedanken, Methoden und Anregungen in diesem Buch stellen die Meinung bzw. Erfahrung des
Verfassers dar. Sie wurden von den Autorinnen
nach bestem Wissen erstellt und mit größtmögli-
cher Sorgfalt geprüft. Sie bieten jedoch keinen Er-
satz für persönlichen kompetenten medizinischen
Rat. Jede Leserin, jeder Leser ist für das eigene Tun
und Lassen auch weiterhin selbst verantwortlich.
Weder Autor noch Verlag können für eventuelle
Nachteile oder Schäden, die aus den im Buch gege-
benen praktischen Hinweisen resultieren, eine
Haftung übernehmen.

# Liebe Leserin und lieber Leser,

wir freuen uns, dass Sie sich für ein GU-Buch entschieden haben. Mit Ihrem Kauf setzen Sie auf die Qualität, Kompetenz und Aktualität unserer Ratgeber. Dafür sagen wir Danke! Wir wollen als führender Ratgeberverlag noch besser werden. Daher ist uns Ihre Meinung wichtig. Bitte senden Sie uns Ihre Anregungen, Ihre Kritik oder Ihr Lob zu unseren Büchern. Haben Sie Fragen, oder benötigen Sie weiteren Rat zum Thema? Wir freuen uns auf Ihre Nachricht!

**GRÄFE UND UNZER VERLAG**

Leserservice
Postfach 86 03 13
81630 München

**Wir sind für Sie da!**

| Montag–Donnerstag: | 8.00–18.00 Uhr |
| Freitag: | 8.00–16.00 Uhr |

Tel.: 0180-5005054*
Fax: 0180-5012054*

*(0,14 €/Min. aus dem dt. Festnetz/ Mobilfunkpreise können abweichen.)

E-Mail: leserservice@graefe-und-unzer.de

**Wollen Sie noch mehr Aktuelles von GU erfahren, dann abonnieren Sie doch unseren kostenlosen GU-Online-Newsletter und/oder unsere kostenlosen Kundenmagazine.**

## Unsere Garantie

Alle Informationen in diesem Ratgeber sind sorgfältig und gewissenhaft geprüft. Sollte dennoch einmal ein Fehler enthalten sein, schicken Sie uns das Buch mit dem entsprechenden Hinweis an unseren Leserservice zurück. Wir tauschen Ihnen den GU-Ratgeber gegen einen anderen zum gleichen oder einem ähnlichen Thema um.

GRÄFE
UND
UNZER

*Ein Unternehmen der*
GANSKE VERLAGSGRUPPE